《百年巨匠》编委会

百年巨匠
Century Masters

吴作人

商 宏◎著

文物出版社

图书在版编目（ＣＩＰ）数据

吴作人／商宏著. —— 北京 ：文物出版社，2017.9
（百年巨匠）
ISBN 978−7−5010−5182−3

Ⅰ．①吴… Ⅱ．①商… Ⅲ．①吴作人（1908−1997）
−传记 Ⅳ．①K825.72

中国版本图书馆CIP数据核字(2017)第184320号

百年巨匠·吴作人

著　者	商　宏

总 策 划	刘铁巍　杨京岛
责任编辑	王　媛
责任印制	张道奇
责任校对	孙　雷

出版发行	文物出版社
社　　址	北京市东直门内北小街2号楼
网　　址	http://www.wenwu.com
邮　　箱	web@wenwu.com
制版印刷	北京图文天地制版印刷有限公司
经　　销	新华书店
开　　本	710×1000　1/16
印　　张	13.25
版　　次	2017年9月第1版
印　　次	2017年9月第1次印刷
书　　号	ISBN 978−7−5010−5182−3
定　　价	49.80元

宣传巨匠推广大师 为时代树立标杆

蔡武

文化部原部长 《百年巨匠》总顾问

　　文化精品创作工程包括重大出版工程、影视精品工程。《百年巨匠》就是跨界融合的一个重大文化工程，它深具创意，立意高远，选题准确、全面，极富特色，内容精彩纷呈，内涵博大精深，基本涵盖了我国20世纪这一特定历史时期在文学艺术方面的成就及其代表人物。它讲述的不仅仅是各位巨匠的传奇人生，更是他们的文学艺术成就同民族、国家，同历史、文化，同当代世界，同20世纪风云激荡的年代，以及同人民的命运都是紧密相连的。他们的成就对整个社会产生了重要而深远的影响。因此，立足21世纪的当今，系统全面科学解读巨匠人生与大师艺术，有着特殊而积极的意义，是社会和时代的要求。

　　作为一个有影响力的文化品牌，《百年巨匠》的表现形式也是多样的。《百年巨匠》丛书和纪录片互动互补，是出版界与影视界的跨界合作与融合发展，形成了叠加影响和联动效应，进一步丰富和扩大了品牌的内涵和外延。在信息社会"四屏"时代，用这样的一种方式来表达重大深刻的主题，具有重大的创新意义，是对中华优秀文化传承发展进行创造性转化、创新性发展的成功探索。体现出强烈的历史感、时代性、民族性，具有鲜明的中国特色，必将产生深远的影响。

一个民族自立于世界民族之林，离不开民族的自信心与自尊心。而民族的自信心和自尊心有其思想基础和人文轨迹，即对民族文化的重要代表人物和优秀传统应当有比较全面的了解并进行广泛传播。一个国家的历史需要记录，文化艺术同样如此。《百年巨匠》丛书秉承文献性、真实性、生动性原则，客观还原大师原貌，以更为宏阔的历史维度对大师们所经历的时代给予不同视角的再现和解读，为读者开启一扇连接 20 世纪中国近现代文化艺术史的大门。

　　巨匠们的艺术成就、人生经历、精神高度，彰显了中华民族文化在这个时代所能达到的高度，不仅有文学艺术上和文化史上的价值，而且有人文思想美学上的划时代性贡献。《百年巨匠》可以增强我们的文化自信和实现中华民族伟大复兴的意志。

　　《百年巨匠》还有一个重要意义，它能够激励我们后来人砥砺奋进，勇攀高峰。这些文化艺术巨匠有着深厚的爱国情怀和强烈的民族责任感，他们将个人荣辱兴衰与国家、民族命运联系起来，用文化艺术去改变现实，实现理想。在新旧道德剧烈冲撞中，他们所表现出来的高风亮节是后来人的楷模。他们所传导出的强大正能量，会激励一代又一代广大读者，对促进我们整个民族新一代的教育与成长，有着非常重要的启迪意义。他们的精神是引领和鼓舞我们再出发的航标与风帆。

　　《百年巨匠》也给了我们很多的启示，可以帮助我们回答和破解"钱学森之问"。20 世纪产生了那么多的大师，新世纪、新时期我们应该如何助推产生出新的大师？这些巨匠的成长轨迹给我们揭示了大师们成长的规律，如要深具家国情怀，要胸怀高远理想；要深深扎根于人民，与人民同呼吸共命运；既继承民族优秀传统文化，又要勇于创新；并以非常包容的心态去拥抱一切文明成果等。

《百年巨匠》仅反映了 20 世纪百年的文化形态和人文生态，我们应该把这个事业延续下去，面向 21 世纪。对艺术大师的发掘是通过他们的作品来体现的，而他们的作品既是中华文化的传承，又进一步丰富、创新了中华文化的构成。从这个意义上讲，宣传这些艺术巨匠就是弘扬中华文化。这些艺术巨匠作为中国名片，拥有较强的国际影响力，这一工程的推进，可以有效推动中华文化和中国出版走出去。不仅仅局限于艺术领域，还可以从广度上、外延上扩大至整个文化领域，甚至把科技、教育等领域的巨匠们也挖掘展示出来。

一个国家文化事业的繁荣与发展，既需要广大艺术家的努力，也需要大师巨匠的引领。宣传巨匠，推广大师，为时代树立标杆，无疑是我们责无旁贷的历史责任。巨匠之所以是巨匠，大师之所以能成为大师，是因为他们以具有强烈时代感和创新精神的作品站在了巅峰。而他们巨作的背后，是令人钦佩的工匠精神，这种工匠精神的发掘和弘扬在当下具有重要的现实意义。同时，这百年的文学艺术史已有的众多成果，从学术上也要系统总结。而长期以来一直困扰我们的一大难题，就是如何把这些重要的学术研究成果进行转化和再创造，使之成为可被大众接受、雅俗共赏的精品佳作。从这个意义上讲，《百年巨匠》丛书的出版也是非常值得赞许的。

当前，我们的文化艺术事业虽然取得了长足的进步，但是相对于时代的重任，人民的厚望，尚有作品趋势跟风、原创性匮乏、模仿严重等问题，希冀大家在《百年巨匠》作品中得到更多的启迪和感悟。

我们国家正处在重要的历史时期，为我们文艺创作提供了丰沃的土壤和广阔的空间。中华民族的伟大复兴，呼唤一切有为的文艺工作者，为繁荣中国特色社会主义文化、建设社会主义文化强国，奉献毕生的才华和创作热情，将高度的社会责任感和历史使命感化作文艺创作的巨大动力，创作出无愧于时代、无愧于祖国和人民的优秀文艺作品，让我们这个时代的文艺创作异彩纷呈，光耀世界。

目　录

第一章 — 灰色童年

一九〇八年，吴作人出生在今江苏省苏州市一个清贫的知识分子家庭，少年时代的他一方面受到了良好的家庭教育，一方面在现实的困顿中接受了生活的磨炼。一九二七年，原本就读于苏州工业专门学校建筑系的吴作人毅然报考上海艺术大学，转学美术。

黯淡的童年

壬子年（1912年）正月十三，夜，苏州查家桥17号门口原本的寂静被一阵喧哗打乱，一个中年人仰卧在门板之上，七窍流血，双眼茫然，生息已近断绝。抬着门板的几个人急促地敲门，口中低喊道："开门，开门啊，慰萱出事了。"门开处是两位妇女，当她们看见躺在门板上的中年人时，不禁痛哭失声，几个时辰前还神采奕奕的亲人，现在竟然已经失去了生息，这种打击实在令人无法承受。

这位暴毙而亡的中年人叫吴调元（1872~1912年），字慰萱，而那两位极度悲伤的妇女则是婆媳关系，年长的叫杨凤卿（1845~1935年），另一位叫王宝书（1873~1953年），她们是吴调元的母亲和妻子。

壬子年的中国正处于风云动荡、波谲云诡的时代。在吴调元去世前十九天，隆裕太后代宣统皇帝下诏逊位，清朝自此灭亡，两千余年的君主制度自此烟消云散，不复存在，但是帝

吴作人父亲吴调元

吴作人母亲王宝书

制的思想依然在很多人心中留存，改革派和保守派的斗争在各个阶层如火如荼般展开。吴调元之前曾任职于上海江南制造局，接触过很多进步思想，对改革派的理念深度认同，坚信中国只有经过改革才能改变积弱的局面。他人际交往甚广，又通经济及教育等诸项事宜，与很多有改革进步倾向的苏州官吏有交往，深得苏州府台中一些改革派要员的喜爱，相约一俟革命成功，便会邀请吴调元赴北京出任教育方面的职务。可是清帝刚刚退位尚未满月，吴调元就被人毒杀在酒席宴会之间，壮志未酬。

吴调元的遽然离世给他的家庭带来了近乎毁灭性的打击，他共有子女十二名，而吴作人正是他的第十子，现在养育后代的艰巨任务就交付在两代未亡人的身上了。身处乱世，平常女人独立生存都不是一件容易的事情，更何况是要养活十几口人呢，所幸杨凤卿不是一般的女人，她是同治年间苏州知府杨靖的堂妹，良好的家世赋予了她异于常人的坚韧和智慧，她要挑战命运的安排，带领家族成员走出困境。

吴作人的祖父吴长吉（1832~1884年），字平畴，原为安徽泾县茂林村人。吴氏家族的始祖是西周的泰伯，他是周文王姬昌的兄长，后来周武王姬发封吴国与他，因而得姓为吴，自此被奉为天下吴姓的祖先。吴作人有一方闲章，刻有"吴太伯第一百零七世孙"，即是表述此事。据考，吴泰伯的第七十八世孙吴万一随父亲吴君锡官从江西上饶迁居至南京，万一公成年后又举家移居至宛陵（今宣城市），南宋庆元三年（1197年）吴惟辉作《茂林吴氏宗谱序》曾明确记载"吾始祖万一公迁居宛陵"。因时局动乱，吴万一的儿子吴希贤又从宛陵迁到泾县茂林东庄（今乔吴），自此耕读传家，诗书继世。泾县茂林吴氏为当地望族，翰林举人辈出，有"小

泾县吴氏宗祠牌坊

小泾县城，大大茂林村"之称。咸丰年间，太平军途经安徽。由于泾县特别是茂林村官宦士子较多，传统的忠君报国思想深厚，加上太平军一路捣毁孔庙、焚烧典籍，在读书人的眼里是逆天理灭人伦的"长毛"造反，因而在太平军入境泾县时，受到的抵抗非常激烈，而太平军对茂林村的屠戮也尤为残酷，一年间茂林村的人口由十一万减至七千。吴长吉就是在这个时候从茂林村逃难到了苏州，并定居于此。

吴长吉自幼患眼疾，后来机缘巧合住在一位医生家里才终于治好，但是却错过了最佳的学习时间。时值天下动荡，吴长吉遂断绝了功名之念，不再参加科举考试，一心专攻绘画，好在他极具天赋，在苏州画坛颇有声望，作品被陈列于安徽会馆以及宣州会馆中。凭借绘画的才能，吴长吉与苏州当地士绅交往密切，也由此结识了当时的苏州知府杨靖。杨靖非常赏识吴长吉，认为他虽然没有功名，但是品行高洁，是位君子，于是将表妹杨凤卿许配给他，当时杨凤卿26岁，而吴长吉已经39岁了。吴长吉与杨凤卿婚后得一子二女，长子便是吴调元。吴长吉在吴调元12岁时去世，杨凤卿独自将三个孩子拉扯成人，孰知到了晚年，悲剧再度发生，她需要把以前的路再走一遍，这一次，她走得比以前更远、更好。

吴调元的十二名子女中长大成人者共有七位。

吴之琪（1897~1972年），吴作人大姐。早年远嫁，客居京、渝等地。

吴之屏（1898~1961）年，吴作人二哥。以律师驰名沪上，侍母至孝，扶持手足，精通书画。

吴之琦（1900~1984年），吴作人三姐。自幼体弱，但勤奋好学，几十年如一日研习历代碑帖，精擅汉隶，名列《中国当代书画家名人大字典》。

吴之翰（1902~1978年），吴作人五哥。德国土木工程博士，回国后历任上海大同大学土木系主任，同济大学教务长、副校长，有多部著作、译作传世。

吴之藩（1904~1949年），吴作人六哥。于北京工业大学攻读化学。抗日战争时期在东南亚从事

吴作人祖父吴长吉作品

实业，后任香港天厨味精厂总经理。

吴之璇（1906~1968年），吴作人八姐。毕业于两江女子体校，长期从事儿童启蒙教育。

吴之寿（1908~1997年），即吴作人。

吴作人出生于光绪三十四年（1908年）十月初十，生日与慈禧太后同为一天。当时全国为慈禧太后举办庆寿大典，吴作人家族排行为"之"字辈，所以起名为之寿，父亲后来又给新生儿起号为作人。"作人"一词出于《诗经大雅域朴》篇，曰"周王寿考，遐不作人"，充分表现了父亲对儿子未来的期许。吴作人在就读中小学期间所用的名字一直是之寿，后来在上海学习生活之时改名为作人，以示对自己的勉励。

因为父亲的早逝，吴作人家里的经济状况一落千丈，14岁的二哥吴之屏要外出工作赚取家用，外祖父家则每个月帮补6个银元，这些大概是一家的总收入了。经济上的拮据导致吴作人在三年级后辍学回家，由兄姊辅导自学。家中长辈担心失学的吴作人在家不能认真学习，严令他在屋内活动，只有傍晚才能到院子里透气放风，这样的生活对于一个年方9岁的幼童来说是难以接受的。对于背诵四书五经这样的功课，吴作人

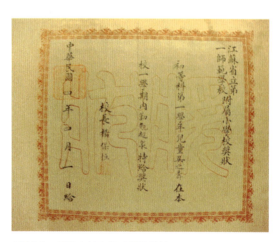

1915年，吴作人读小学时所获奖状

心中是反感的，所以他在家里也并不安生，而是到处爬高摸低，东寻西找，很快他就在阁楼中找到了"宝藏"。那是被放置在阁楼上已经被家人所淡忘的东西——吴长吉当年所用过的画箱，里面各式颜料一应俱全，还有宣纸、徽墨、歙砚、水洗、镇纸等全套作画工具。这个发现使吴作人欣喜若狂，给他枯燥的生活带来了一缕清风，一有时间他就会装模作样进行绘画创作。家里长辈看他画的东西颇为有趣，便对这种消极学习的行为睁一只眼闭一只眼不予申斥，所以更加助长了吴作人的绘画热情和兴趣。画着画着吴作人忽然发现了一个问题，原本花红柳绿的漂亮画面过一段时间就会神秘地消失。这个问题让年幼的吴作人很是困扰，等到年长后他方才省起，原来祖父留下的都是矿物质颜料，必须用胶来调和，而他当时只是用水与颜料相掺后作画，水干了之后颜色也随之消失了。

除了画画，在读书之余吴作人最喜欢做的另外一件事情就是发呆，当然这不是单纯的无聊愣神，他是在悉心聆听窗外飘来的音乐。原来距离吴作人家不远就是苏常道衙门，也就是以前的苏州府，当时这里驻扎着一支军队的指挥部，里面设有军乐队，每天军乐队都要进行排练。没有多长时间吴作人便对那些军乐的旋律了然于胸，他可以清楚地背出各种曲调的主旋律，而那些朝夕相对苦苦诵读的论语孟子却依然陌生，连他自己也在困惑，为什么对所接触的知识有区别如此之大的选择性吸收。

除此之外，童年生活在吴作人的印象里非常模糊，因为失去了父亲，没有新衣穿，没有生日过，不能和其他孩子动手打架，这是一种非常典型的传统中国式的家庭生活。但是现在看来吴作人的祖母和母亲的确非常了不起，吴作人童年生活的平淡证明了整个家族生活的安定平稳，两代寡妇用自己的双手撑起了这个家，用她们的智慧和勤劳给予了后代最大可能的庇护，让他们健康的成长，而且还受到了应有的教育，实在令人敬佩。童年时期的吴作人并没有显示出惊才绝艳的天赋，但是他对艺术的敏感度却是毋庸置疑的，无论是视觉还是听觉方面。成人之后的吴作人精通音律，吹得一口好笛子，甚至希望自己的外孙女能够成为音乐家，无一不表明了他对听觉艺术的喜爱，虽然最后他成了视觉艺术的大师。

人生的大决定

　　1921年，在哥哥姐姐们的帮助下，吴作人自习完成了小学的所有课程准备上中学。那时候，吴作人二哥吴之屏的律师生涯已经走上了正轨，事务所开到了上海，这样吴作人也有机会报考上海的中学。结果他同时考中了上海的大同中学和江苏的苏州工业专门学校附设高级中学。根据母亲的建议，吴作人选择了苏州工专附中。

　　1923年，由于军阀混战，吴作人全家移居上海生活，只有吴作人还留在苏州继续求学。随着家庭经济的逐渐好转，吴作人的中学生活还是非常丰富多彩的。进入中学伊始，吴作人就是音乐组和美术组的中坚分子。在音乐组里，吴作人学会了拉大提琴和中提琴，吹中音号和笛笙，而且还学会了拉胡琴，充分满足了童年时期对音乐的憧憬。吴作人还是美术组的积极活动分子，但是苏州工专附中是个工科学校，对文科项目的教学都是马马虎虎，更何况是美术这门功课了。上课的时候老师也不教授美术知识，就是闷头自己画，画完以后挂在墙上，让学生照葫芦画瓢，学生完成作业后交

1921年，在苏州工专附中学习时

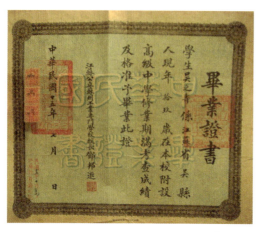
1926 年，苏州工专附中毕业证书

给班长就算是完成功课。这位老师名叫陈伽盦，是当时苏州很有名的国画家，虽然他作画时吴作人会站在边上认真观看，但是并没有学到什么真正的本领。好在美术组负责学校壁报的装饰设计，吴作人有了更多的参与，对美术的兴趣与日俱增。

1926 年，徐悲鸿在上海举行回国后首次个展，寄宿在苏州的吴作人机缘巧合下看到了报上对此次展览作品的介绍，顿感眼前一亮，发现原来可以这样去画画（吴作人所看到的应该是 1926 年 3 月 28 日《图画时报》第 294 期第 6 页所刊登的徐悲鸿的两幅油画作品《康南海先生像》及《蜜月为黄天恩君与傅季姑女士俪影》）。不过在那个时候，吴作人和艺术圈没有任何关系，所做的也就只有把徐悲鸿这个名字深深镶刻在脑海之中了。

1926 年，吴作人考入苏州工业专门学校建筑系。之所以学习建筑，吴作人是有自己的考虑的，因为建筑系每周有 6 小时的绘画课，且当时整个中国只有两所学校有建筑系，这对家境并不宽裕的吴作人来说的确是个非常理想的选择。其实在那个时候，吴作人的爱好非常广泛，还经常在学校的数理化刊物上刊登文章。现在想来，20 世纪50 年代吴作人在中央美院的大礼堂向老师和学生讲授原子能的基础普及课程，和当年扎实的理科根底应该大有关系吧。如果没有意外，吴作人应该会像他的五哥一样走工科的道路，成为一名建筑师而绝非一名画家。上学不久，一件变故陡然发生，由于苏州夏天酷热，吴作人腿上忽然生出了一个多头大痈，导致半条腿红肿，疼痛不堪无法行走，只好休学回到上海的家中养病。因为母亲不相信西医，认为开刀会导致残废，所以一直以中医的方式进行治疗，结果病情辗转，时好时坏，痊愈的时候已经是 1927 年的夏天了。等到吴作人再回到苏

1926 年，就读苏州工业专门学校建筑系时

州时，以前就读的苏州工专已经消失不见了。原来在第一次北伐战争胜利之后，苏州工专并入南京中央大学，成为中央大学的建筑系。这下子吴作人的处境就有些尴尬了，原本的同学成了学长，而且还要离开老家远赴南京上学。此时适逢报纸上刊出上海艺术大学的招生广告，上面罗列的教授名单中徐悲鸿的名字赫然在目，于是吴作人做出了一个影响其人生的重大决定 —— 改行学习美术。

吴作人的这个决定在家里引起了轩然大波，家中成员很快出现了三种观点。不支持的一方是最疼爱吴作人的祖母，祖母的意见是画画没有功名，不能进入主流社会；支持的一方是吴作人的母亲、五哥还

有三姐，他们认同吴作人的艺术天分，支持他走自己的道路；持保留意见的是二哥，他自己本身书法就很有功底，但是认为美术只是业余爱好，不足以安家立命。可是这次吴作人下定了决心，而且放出狠话宁可将来饿肚皮也要学画画，家人见他意志如此坚定，遂不再干涉他的想法。1927 年 9 月，吴作人作为上海艺术大学第二批录取生，正式开始了他的艺术生涯。

人生旅途复杂难测，每一个变数都会带引出一条未知的道路。从吴作人家属的回忆中来看，年幼的他虽然喜欢画画，但是却受到了来自家庭的阻碍，他的五哥和六哥都就读于工科学校，而且成绩突出，依照此传统，家人对吴作人未来的规划也不言而喻。孰知一场大病改变了吴作人的命运，学校的迁移、时局的动荡以及养病一年间的深思熟虑，再加上挂衔徐悲鸿的招生广告，使吴作人坚定了自己走艺术道路的信念。无独有偶，萧淑芳少年时也是由于因病休学一年才决定去国立北平艺术专科学校进修，看起来缘分的种子在早年间就已经种下，两场病竟然造就了两个伟大的艺术家和一段美满的姻缘。

在上海艺术大学，吴作人终于见到了崇拜的徐悲鸿，并得到了老师的悉心指导。一九三〇年，在徐悲鸿的推荐和安排下，吴作人从上海启程到欧洲留学深造，先考入巴黎高等美术学校，后北上比利时，于布鲁塞尔皇家美术学院学习。

得遇名师

吴作人于 1927 年 9 月进入上海艺术大学，到 10 月份学校竟然因为拖欠房租导致封校。吴作人心中的郁闷可想而知，好在他已结识了一些朋友，对以前从未接触过的西方素描知识也有了些大致的了解，此外还因为选修外国文学结识了田汉。田汉时任上海艺大的教授，才华横溢，有理想有抱负，主张"普罗艺术"，即艺术为无产阶级大众所服务，这种艺术思想和吴作人心中抱负十分相近。吴作人虽然自幼丧父，家境贫寒，但是他性格倔强，最看不得人欺压人的行径。在苏工附中的时候，吴作人就曾经参加过多次爱国主义运动，创作过反帝国主义侵略的美术作品，那时本能自发的行为现在在田汉的言语中找到了理论根据，而且当时的田汉有着极其浪漫、真诚和热忱的艺术思想，吴作人自然是倾心追随。

上海艺大被封之后，田汉积极思谋复校活动，为了不使人心涣散，他不断邀请名人来做演讲。11 月到 12 月间，吴作人终于见到了他仰慕已久的徐悲鸿先生。

吴作人曾在《艺海无涯苦作舟》中这样述说那段往事：

那是一个风和日丽的日子，田汉在上海艺大召开全校大会，邀请刚从国外回来的徐悲鸿先生来校演讲。这是我第一次见到徐悲鸿先生。他风采飘逸，面容清癯俊秀，浓眉下是一双炯炯有神的眼睛，锐利的目光不时射向下面屏息敛气的听众。悲鸿先生告诫我们，凡是要决定献身艺术的人，首先要心诚，倘若没有诚意，想当艺术家是当不成的。他动人的演讲，博得了全校师生的热烈掌声，使我们更加坚定了从事美术事业的决心。

徐悲鸿演讲完毕，提出要看看学生们的作品，于是田汉陪同徐悲鸿进入美术教室去检视画作。徐悲鸿在一幅希腊男青年头像的素描前停下了脚步，转头问田汉这是谁的画作，周围同学纷纷答曰这幅画是吴作人所作，田汉急忙叫人找吴作人过来。徐悲鸿向田汉及周围的同学表示此幅画作有"致广大，尽精微"之感，且作者"有非凡之观察力和创作力"，是个极有天分的年轻人。徐悲鸿勉励了吴作人的艺术才能，希望他能继续刻苦用功，同时将自己的名片递给吴作人，邀请他周日去自己霞飞坊的寓所看画。

吴作人忽然得此际遇自是无比激动，不消说，周日清早七点钟，他就去敲徐悲鸿家的大门了。彼时徐悲鸿回国不久，客厅内堆满了从法国带回来的资料和画册，徐悲鸿抽出一本旧画册递给吴作人让他自行阅读。吴作人那时还很少见到精美的彩印画册，当即便认真钻研体悟。良久，徐悲鸿对吴作人说，只要你有时间，每个周日都可以来我家看画册。自此之后，吴作人成了霞飞坊的常客。据吴作人自己回忆，徐悲鸿给人看东西有个习惯，他先给人几张破旧的印刷品看，观察你如何掀篇，看你怎样看书，是否爱惜东西，你如不爱惜，下回他就不给你看了。显然，吴作

1928 年，在南国艺术学院

人良好的阅读习惯也帮助他获得了老师的青睐。在徐悲鸿家，吴作人还结识了另一位徐悲鸿所器重的年轻人王临乙，他们一起协助徐悲鸿完成了《田横五百士》的油画放大稿。根据仔细对比，我们不难发现《田横五百士》左上角的人物为吴作人，由此可见徐悲鸿对吴作人的器重。

1928 年 1 月，田汉辞去上海艺术大学的职位，同年 2 月成立南国艺术学院，开西画、戏剧与文学三部，分别由徐悲鸿、欧阳予倩和田汉领衔。吴作人追随自己的恩师，离开上海艺大加入了南国艺术学院。

《田横五百士》中的吴作人

在这段时间，吴作人除了美术方面在徐悲鸿的指导下成绩突飞猛进之外，还参加了许多戏剧系的表演活动。南国艺术学院的三大导师都有过留学的经历，他们代表和倡导一种创新的艺术精神，认为艺术本身是纯粹的，是为人民服务的，和当时的主流思想颇为不同。1928 年 4 月，田汉带领他的学生们远赴杭州，在西湖上高歌，以示对国立艺术院（中国美术学院的前身）官办教育的抗议，吴作人积极参与了活动。就在活动搞得

《吴作人头像》 徐悲鸿 1928 年

《田横五百士》 徐悲鸿 1930 年

如火如荼之际，美术系的学生们忽然得到了一个坏消息，在上海的南国艺术学院的美术系已经被搬空了，徐先生以后不能再在南国授课了。

吴作人做出专修美术这个决定是顶着很大压力的，但是入学才一个月就遭到了封校的重大打击，好在他得遇名师田汉，从此开启了自我艺术思想觉醒的大门，开始对整个世界有了系统的认知。后来再经由田汉结识徐悲鸿并得到其赏识，吴作人踏入艺术世界的第一步转危为安，也更加坚定了他将一生奉献给艺术的信念。

仔细回顾吴作人的艺术道路，我们一直可以看到田汉思想的影踪，那就是对所描绘对象的一种现实主义和浪漫主义的高度融合的表达。以吴作人晚年的国画作品《牧驼图》为例，他以水墨泅纹来表现骆驼的肌肉线条以达成写实的效果，以骆驼的形象来表现任重道远、努力前进的精神，正是把这两种艺术思想相结合的最佳写照。

《牧驼图》1977 年

吴作人始终认为自己的作品是服务于普罗大众而不是某些特定群体，这种艺术精神贯彻了他的一生。

南京的情缘

等吴作人回到上海南国艺术学院的时候，在美术系教室里面陈列的徐悲鸿的作品以及他从国外带回来的印刷品和美术资料已经全部被拿走了，拿走这些物品的人是徐悲鸿的夫人蒋碧微，而且她还扬言不许徐悲鸿再和这些"共党分子"鬼混。徐悲鸿在出任南国艺术学院美术系主任的同时，还是南京中央大学艺术系的教授，他的工作日程是两周在上海，两周在南京。田汉是比较激进的文学青年，所作所为有时颇为离经叛道，蒋碧微担心徐悲鸿会受到田汉的影响，于是就先斩后奏，迫使徐悲鸿不得不回到南京。

这件事对于以为一切都走上正轨的吴作人打击非常之大，因为他最尊敬的老师要被迫离开上海，他无法再追随左右亲聆教诲。就在此彷徨无计的时刻，徐悲鸿出现在他的面前。那一日徐悲鸿来到了吴作人在理发店楼上租住的亭子间，跟他说："我老婆和我提出要离婚，如果我继续留在南国的话。我们之间多少年，也是患难夫妻，为这样的事离婚于人性于舆论都不好。我已经和田先生说清楚了我会继续支持南国的艺术主张。现在我不在这儿，这个学校的美术系也办不下去了，等于涣散。你在这儿，在上海，你怎样继续学是个问题。我的意见是你到南京去，继续在我那儿学。"吴作人说："我很愿意去南京，但是……"徐悲鸿没等吴作人把话说完立刻就说："至于其他问题，学费问题，都不成为问题。"显然徐悲鸿对吴作人非常了解，知道他的经济状况很拮据。徐悲鸿告诉吴作人："一开学，你就到学校。开学时，你到南京，到艺术系，你就说，我是徐悲鸿的学生就可以了。"

1928 年 9 月，吴作人按照徐悲鸿的指导来到南京中央大学艺术系旁听，白天在徐悲鸿工作室学习，晚上则住在学生宿舍。年底，好友王临乙和吕斯百赴法国留学，好在还有南国的同学刘艺斯和吕霞光相伴，生活倒也很规律。与此同时，吴作人依然在南国精神的感召下，积极支持南国社的活动，分别于 1929 年 1 月和 7 月全程参加了南国社戏剧团在南京的公演，并为之做舞台设计。

1928 年，在中大与同学们的合影

1929 年，与部分南国社成员在中大校园合影

某一日，吴作人发现班里出现了个与众不同的漂亮女生，按照吴作人自己的回忆，"那个女学生当时高高瘦瘦，面目清秀，两只大眼睛美丽又明亮。也许以前没有离开过家，总是躲在教室的一个角落里，穿着打扮与众不同，既洋气又有审美眼光"。此时吴作人还不知道，这位新来的女同学名叫萧淑芳，

1929 年，在中大教室　　　　　　　1929 年，萧淑芳在南京

已经接受了三年的西画训练，结业于北平艺专，因仰慕徐悲鸿先生的大名，经其二姐举荐，特意从遥远的北平赴南京中央大学向徐先生求教。萧淑芳的家世很好，平时穿着得体，身姿绰约，而且喜欢尝试新鲜事物，经常骑着当时尚属少见的自行车穿行市区上学，很快就吸引了大量的目光。

终于有一天，在萧淑芳把自己在北平艺专所作的油画作品《一筐鸡蛋》拿给徐先生请教的时候，吴作人找到了和她说话的机会。他凑上前去对萧淑芳说："你画的这一筐鸡蛋都是买来的么？"萧淑芳对于这个没头没脑的问题感觉莫名其妙，所以只是白了吴作人一眼，算是一种回答。吴作人当时才华横溢，在班里也是风云人物，被白了一眼后感觉自尊心受到了伤害，于是决定再也不搭理她了。

虽然吴作人做出了"再也不跟你理你了"的决定，但是依然止不住对这位漂亮女同学的欣赏爱慕之情，于是在某一次的写生课上，吴作人暗地里画下了一幅《萧淑芳作画》的速写。五十六年之

《一筐鸡蛋》 萧淑芳 1929 年

《萧淑芳作画》 1929 年

后，由于吴作人整理旧物，萧淑芳才第一次看到这张速写。吴作人自1929 年底离开南京中央大学，1930 年初留学西欧，1935 年回国后任教于南京中央大学，两年后因日军侵略而迁移到重庆，1940 年居所被日军军机所投掷的炸弹直接命中财物尽毁，之后又历经数次搬迁以及抄家等种种不测，此幅作品竟然得以完整的保存下来，不得不说这是天作之合的最好佐证。

1929 年 8 月，吴作人在《南国周刊》上发表文章《南国画会之方针及计划》，表明了"我们的画会，拿些东西给人家看看的时候到了"，积极准备为南国社的美术同仁举办展览。同年12 月 1 日，吴作人在上海召开的南国社第六次大会上被选举为绘画部长。田汉对其工作的评价是："绘画部成绩甚佳。我此次在南京看过刘、吴诸同志的作品，对于此次将要举行的南国展览会甚抱乐观。大体他们的技巧虽不必能赶上当代大师们，而意识与着眼点到会出人前。"

吴作人频繁地参加左翼知识分子的活动引起了中央大学管理部门的注意，在寒假前吴作人、吕霞光和刘艺斯均收到学生会的通知，校方以中央大学无旁听生制度的名义要求三人离开学校。当吴作人把自己被逐离学校的消息告诉老师徐悲鸿的时候，徐悲鸿感到非常震惊与愤怒，思忖了片刻，徐悲鸿给吴作人提出了一个改变他一生命运的建议 —— 到法国留学去。

在中央大学师从徐悲鸿的一年，吴作人已经坚定了自己的艺术理念，就是走田汉和徐悲鸿所倡导的艺术必须要体现真善美精神的现实主义道路。在 20 世纪 20 年代末期，上海是新兴艺术活动的大本营，有两种不同的先锋艺术理念在交锋，一种是徐悲鸿为代表的以现实主义为主，试图改造传统绘画的陈陈相因、脱离现实；而另一种则是引进西方现代派绘画手法，更加张扬和富有表现力。以吴作人的性格和经历，选择现实主义是必然的事情，因为他是徐悲鸿的学生以及田汉思想的追随者，他认为艺术就是要体现事物本质的真善美，如果没有真，善和美都无从表达，所以现实主义是最符合他的精神追求的。

吴作人和萧淑芳在南京的相逢看似偶然，但也是必然。首先双方的家庭都有一些洋务的因素。萧淑芳的父亲是铁路医生，自幼接受西方教育。吴作人的父亲曾经在江南制造局工作，他的二哥是挂牌的律师。正是因为这些家庭的后人愿意接纳新生事物，而家里也不干涉子女对各种潮流和思想进行尝试体验，所以吴、萧二人才有机会去学习当时还属于新鲜事物的油画。第二则是名师的感召力。去南京之前，吴作人身在上海，而萧淑芳远在北平，为了得到最好的老师的指点，他们不约而同地来到了南京。如果没有徐悲鸿这样的大师级人物，焉会有学生不远千里前来追随。第三是对美术理念的认同。直到两人 17 年后再次见面，他们依然对艺术保有相同的热忱和执着，但凡他们中有一个人放弃了对艺术的追求，就不会有机会在一起。第四是缘分。缘分这种东西太过抽象，但是没有却也不行。

远赴欧洲

徐悲鸿的建议让吴作人大吃一惊，出国留学固然非常好，但是大笔的开销从何而来，各种烦冗的手续如何办理，这对涉世未深的吴作人来说犹如天方夜谭一般。徐悲鸿见到吴作人不知所措的样子，鼓励他说："绝对没问题，只要能到巴黎，就万事大吉了。巴黎那个地方有很多华侨和中国学生，我还有很多老朋友。你到了以后，他们会帮助你的。何况你到了那里，即便没有钱也不要紧，你可以找工作做，可以以工养学。"

带着老师的建议，吴作人回到上海非常忐忑地征询母亲的意见，孰知母亲不但不阻止反而大力支持，还帮助吴作人向其二哥筹措了旅费。有了母亲和二哥在精神和经济上的支持，吴作人开始准备他的欧洲之行。田汉给他颁发了南国艺术学院的毕业文凭，徐悲鸿则动用自己的关系帮助他申请到了护照和自费留学证，吴作人的旅欧之行就要开始了。

留学之前，吴作人还是要完成之前对南国艺术学院作出的举办展览的承诺。1930 年 3 月 28 日，南国社美术部展览会在上海西藏路宁波同乡会四楼正式举行，以南国社美术部社员王道源、刘艺斯、吴作人、吕霞光、刘菊庵等的作品为主，也有徐悲鸿、方干民等人参展。开幕这天，仅文艺界的参观者就达到四百多人，展览获得了巨大的成功。次日，田汉在《南国美术部习作展览会特刊第二号》中，亲自为这次展览撰写了"南国美术部习作展览会特刊"，并以美术部同仁的

1930 年，在阿托斯二号轮船留影 　　　　1930 年，在卢浮宫前与友人合影

名义写了《1930 年度我们的Programme》一文，提出了"发展普罗美术""绘画与无产阶级"等革命性口号。

4 月 5 日，吴作人与五哥吴之翰以及同学吕霞光乘坐阿托斯二号轮船（Athos II），由上海启程赴欧。田汉、金焰、张谔和姜治方等在港口为其送行，吴作人的欧洲求学之旅正式展开。

由于吴作人买的是最便宜的水手舱，航行中的生活条件自然是比较艰苦的，如果遇见了风暴，水手舱唯一的入口就会被锁死，人和船一起在大海中沉浮。好在吴作人从不晕船，倒也不太受罪。吴作人此次出行，恰与前往参加比利时独立一百周年庆典的中华民国政府代表团团长褚民谊同船。褚民谊当时住在头等舱，平日里对这些远赴欧洲留学的学子颇有照顾，经常会在客厅里组织那些法文不熟稔的青年学习法文，介绍法国风土人情。一个多月的时间转瞬即过，到了马赛，还有国民政府使馆派来的专员帮助留学生们过关登记，吴作人初次漂洋过海之旅还是非常顺利的。

次日吴作人一行转车至巴黎，五哥吴之翰与吴作人话别转车去德国学习，吴作人与吕霞光开始了在法国的生活。

吴作人的目标是考入巴黎高等美术学校。他从以前来的学生那里获知，该校会由工作室的主持教授审阅学生平时的素描画稿，然后根据其水平高低来决定学生是否能够进入学校学习。所以在 9 月前，吴作人一定要准备出足够的素描作品以供老师审查。一年前就已经到巴黎学习美术的中大同学张宗禹给了吴作人许多忠告良言，并帮助他进入了自由画院，这是巴黎一个为青年人提供作画条件的业余学校，属于自学性质，但是有助于学生间的相互交流和自我提高。除此之外，吴作人还要到巴黎的各大博物馆去作临摹和写生练习，以期能够积攒出足够的画稿。那时吴作人的生活十分规律，基本上是每天上午十点钟前去卢浮宫，然后在开门之际快速走入古代雕塑馆去画素描。当时卢浮宫允许艺术家从上午十点到下午三点在馆内作画，要是给管理员一笔小费，他还能够负责在十点之前放好画架。吴作人对这五个小时是非常珍惜的，通常是在画架前一坐到底，毫不间断。周围也有几个固定来馆内作画的青年，他们和吴作人一样怀着报考美术学院的目的，大家虽然语言并不相通，却能够通过艺术

1930 年，在巴黎与其他中国留学生合影

《餐巾习作》1930 年 9 月 13 日

相互鼓励和切磋。从卢浮宫出来，吴作人再去自由画院画人体素描直到晚上，紧张的一天就此结束。

　　20 世纪 30 年代的巴黎是世界艺术中心，生活开销很大，原本经济上就不宽裕的吴作人很快陷入了困窘，但是在准备入学的冲刺阶段却没有时间出去打工，吴作人只好靠节衣缩食的办法苦度危机。由于房东负责早餐，吴作人便从早餐中留下两片面包作为午餐，从卢浮宫作画出来后吃掉，晚餐则是大学生城学生食堂约三法郎的土豆。几个月下来，就在巴黎高等美术学校招生的关键时刻，吴作人忽觉浑身无力，头眼昏花，一病不起。房东太太请来附近学医的中国学生帮助诊断，这名学生看出了吴作人生病源于营养不良并告诉了房东太太。中午，房东太太拿着一盘烤鸡走进了吴作人的房间，笑着告诉吴作人吃了这鸡病就会好些。不知是不是精神的力量，吃下这盘鸡的吴作人在第二天果然病情大有好转，而且还作了一张速写《餐巾习作》以志房东太太这一饭之恩。

在吴作人生病期间，好朋友张宗禹不但帮助他在巴黎高等美术学校报了名，而且还把他的画稿习作交给了西蒙教授。等到吴作人痊愈的时候正好收到学校的录取通知书，真可谓双喜临门。被心仪的学校录取了固然可喜，但随之而来的就是经济压力。抛开巴黎高昂的生活成本不谈，画画本身所需要的画布、颜料、模特及画室的租金等俱非常可观，如何让生活和学习能够相互平衡，不会因为经济问题而顾此失彼，这让吴作人十分为难。就在进退维谷之际，吴作人忽然收到了一封来自国民政府驻比利时大使馆的来信，署名者正是当时的大使谢寿康。

谢寿康和徐悲鸿是多年的朋友，当年留欧时同为"天狗会"成员。1929 年谢寿康曾任中央大学文学院院长，与旁听的吴作人也有数面之缘。当他得知吴作人经济窘迫的消息之后，因爱才之心，利用自己的人脉帮助吴作人在比利时布鲁塞尔皇家美术学院争取到了一个庚款助学金名额，并通知吴作人火速做出决定。吴作人权衡再三，最终决定北上布鲁塞尔，开始了四年的求学生涯。

吴作人得以出国留学，实在是要感谢徐悲鸿的尽力指引和帮助。我们从《申报》1930 年 8 月 6 日第 11 版所刊登的民国十九年之出洋学生名册来看，当年得以准许出国的中国学生不到两百名，可见在那个年代出国学习的艰难程度。与学习科学不同，艺术的概念和形式没有固定的标准。在 20 世纪 30 年代的欧洲大陆，各种流行艺术风格，包括野兽、立体、未来、结构、象征、表现等主要流派都强调艺术形式，有意地淡化内容，寻找独特的形式语言进行表达，而学院派和古典主义已经走向没落。巴黎高等美术学校是欧洲最著名的四大美术学院之一，由于身处美术革命的最前线，学院的教学风格已经趋向于革新。而布鲁塞尔的美术学院教育则相对保守。所以吴作人选择就读布鲁塞尔皇家美术学院不仅仅是出于经济上的考虑，对艺术风格的追求也是一个非常重要的因素，毕竟他身负着掌握西方写实绘画技术，从而弥补传统中国绘画技术缺口的文化使命。

第三章 | 负笈欧洲

在布鲁塞尔皇家美术学院，吴作人进入院长巴思天的工作室学习，在那里，他掌握了西方的艺术语言。一九三五年，徐悲鸿写信邀请远在欧洲的吴作人回国到中大艺术系执教，吴作人接受了这一邀请，同年携妻子李娜回到了上海。

桂冠生

　　1930 年 10 月 12 日，吴作人正式成为布鲁塞尔皇家美术学院的学生，学号是 21217 号。同一天，吴作人在谢寿康的引见下拜会了巴思天教授。巴思天（Alfred Bastien，1873～1955），时任布鲁塞尔皇家美术学院院长，他对吴作人带来的作品给予了这样的评价："你的油画当然不是中国传统，但也不属于弗拉芒画派传统，而是充满了你自己的个性。"巴思天同意吴作人进入他的工作室学习，并在第二天亲自向他来自十一个国家的六十多名学生介绍了吴作人，他说道："孩子们，这是一位中国同学，大家过来看看他的功课，他的画将会成为你们的榜样的。"

1930 年，与巴思天教授合影

　　由于庚款助学金还没有到位，吴作人很难负担起作画所需要的材料，比如大尺寸的画板和亚麻布等。巴思天看到了吴作人的窘境，于是把一张价值一千比利时法郎的购物卡交给了吴作人，告诉他凭借此卡可以在学校旁边的画材店购买作画所必需的材料。老师的这笔援助无异于雪中送炭，使吴作人顺利融入了学院生活。

　　到了 11 月，庚子助学金发放到手，吴作人立即还清了以前在巴黎所欠的债务，同时又租到了满意的房子，除了一层是卧室，上面另有一间可作画室。吴作人终于安顿了下来，可以正式开始他的学习生活了。

　　吴作人第一年的课程是这样的，上午在巴思天油画工作室高班学习油画，下午修习美术史、解剖学、服装史、透视学以及欧洲文学史等必修课，晚上在戴尔威尔（Delville）教授的人体素描晚班加强素描训练。

　　一年很快过去了，吴作人学完了全部必修课，获得了参加学年结束前举行的油画专业课评奖考试的资格。当时，比利时皇家美术学院是三年修业期满的学制，设有油画系、雕塑系、装饰艺术系以及建筑系等不同专业。美术史、解剖学、服装史、透视学以及欧洲文学史是攻读美术不同部类各系科的共同必修课。这些必修课的考试须都及格，才可以参加专业会考。各系都采用学年会考制，同班的三个年级会试，凡得第一者就能结业。低班的第一名可以直接升入高班，高班

1931 年，与老师和同学们合影

《狮头》1931年

《男人体》1931年

的第一名为"桂冠生",可以得金奖,可享用个人工作室,由学院供给一切专业费用。即使是高班第一年学生,在会考评得第一就能有学位,并无所谓毕业。只有建筑系必须修满四年才能参加毕业考试。而吴作人在第一学年里就学完了全部必修课,考试成绩优秀,获得了参加学年结束前举行的油画专业课评奖考试的资格。

吴作人得知自己获得了"桂冠生"的称号时正在维也纳。那个时候他的五哥吴之翰在维也纳读书,吴作人借暑假之机去拜访他。五哥和他的朋友们都为吴作人取得的成绩感到自豪,吴作人度过了一个愉快舒心的暑假。

等吴作人回到布鲁塞尔的时候,他得知了一好一坏两个消息。好消息就是他的"桂冠生"的待遇。在夏季大会考上,他的作品《男人体》荣

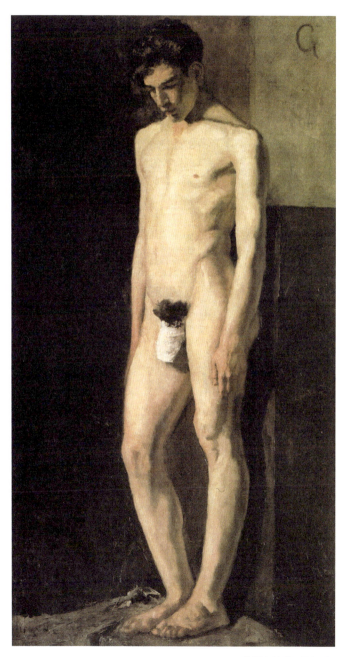

《男人体》1931 年

获了第一名，为吴作人赢得了金质奖章和"桂冠生"的荣誉。根据学校的通知，吴作人自此享有校内个人画室，同时作画所需的材料费用及采暖费用等一切开支均由学校负责。而坏消息则是他的庚款助学金被取消了。吴作人推测，被取消助学金可能与他平时坚持无神论观点有关，毕竟教会在欧洲是主流力量。好在老师巴思天在得知此消息后亲自为吴作人抗辩，转年后吴作人的庚款助学金才得以发放。

1931年，在自己的工作室

1932年，与雕塑作品合影

1934年，不知何故，吴作人的庚款助学金再次被停止发放，他的经济状况又开始出现问题。这时有画廊前来邀约，希望能够代理吴作人的作品。吴作人对此事的前景不了解，于是向老师求教。巴思天指出商业画廊唯利是图，一旦成为签约画家则难以保证艺术的纯洁性，因为画廊会尝试用他们的趣味和影响力带动签约的画家。吴作人深以为然，于是推掉了画廊的邀请。直到巴思天邀请吴作人作为助手参与他为布鲁塞尔世博会所承包的壁画工程

1933 年，吴作人的雕塑构图获比利时皇家美院金质奖章

（月薪约为 1920 法郎），吴作人的经济状况才有了改善。

1935 年 3 月 16 日，吴作人收到老师徐悲鸿自南京的信函，信中云："作人弟鉴：自得弟书，不知费了多少唇舌，迄无效果。念弟流落于外终非了局，可否即作归计，俟下半年来中大共事（二百元讲师）……"吴作人欣然决定接受老师的邀请，回国工作，与老师一起推广写实主义艺术，完善西方的美术学院制度。

1935 年 8 月初，吴作人携夫人李娜回到了上海。

对于要去西方留学所要学习的东西，吴作人的心中一直是很坚定的。艺术家通常都是感性的，容易因为眼中所见而影响到心中所感，20 世纪 30 年代的巴黎是世界艺术中心，各种艺术流派在那里争奇斗艳，但是吴作人从不为之所感，因为他知道自己到西方要学习的不仅仅是艺术，还有写实绘画的技术和西方的学院制度，换句话说，是能够救国图强的方法。他在 1935 年和常书鸿所写得一封信中谈及自己的一些想法:"那么有'马氏作风'之类的画,也许我不甚清楚,充满了作者之个性,但是否现实人生之表现,民族灵魂之寄托?"很显然,吴作人在意的不是艺术的表现形式,而是艺术本身能够给观众,尤其是普通民众带来什么样的启发和感受。当时的中国和西欧相比是落后的,要想缩短落后的距离,就必须取长补短,虚心求教。吴作人就学于学院院长亲自负责的工作室,本人是"桂冠生"和金质奖章获得者,他所企及的高度是当时一般人所不能够达到的,所以他关心的已经不再是个人趣味,而是学院的制度建设以及作品唤醒民众的感知力。

巴思天对吴作人的影响是巨大的,无论是在艺术的表现技巧方面还是在教育人才方面。独立艺术家和教育家不同,学院体制和私人体制也不一样。在吴作人回国之前,巴思天在家中宴请吴作人并为之送行,分别前赠言道:"你回去后,大约免不了要当老师。那么记住我的话,要有耐心,对不容易教的学生也应当坚持试三年。"吴作人将此话铭记于心,在之后五十余年的教育生涯中,他都时时警醒自己,不可持有"唯天才论"的片面观点。

那个约我在博物馆见面的男孩

吴作人和李娜第一次见面是在一个美术馆里。那时正值秋天，冷风萧瑟，美术馆里的人并不多，所以吴作人不难注意到其他的观众。当他偶尔一次转头的时候，不期然地和一双俏眼对视，吴作人的心中突然弥漫了一种特别的感情，用他自己的话就是"也可以说是一见钟情"。和这位少女一起观展的是一位中年妇女，见吴作人是个外国人却在认真看展览，

1931年，李娜像

于是走过来和吴作人攀谈了几句。吴作人得知她们原来是姐妹，喜欢美术但是不经常观看展览，大家点头示好后便道别了。

时隔不久，布鲁塞尔皇家美术学院举办校际展览，吴作人在展场上又看见了那位少女。这次吴作人主动上前介绍了自己的作品，那少女表示非常喜欢，于是吴作人询问是否可以去其府上拜访。少女同意见面，但不希望见面的场所安排在家里。吴作人提出周日在古代美术宫门口见面的提议，少女欣然同意。能约到心仪的少女，吴作人自然很高兴，不过他竟然忘记问姑娘的芳名了。

　　周日那天，少女如约而至，她告诉吴作人："你是第一个约我在博物馆见面的男孩。"吴作人知道了少女的名字是Celina Deprez，于是便根据发音给她起了一个中文名字李娜。

　　自那天起，吴作人和李娜就成了一对恋人。约会了几次之后，吴作人发现了一个问题，就是李娜从来不邀请他回家。于是有一天吴作人向李娜提出了这个问题。李娜告诉吴作人，她借住在姐姐的家，因为姐姐的公公参加过八国联军去过中国，所以姐姐对中国人持有偏见并且反对她与吴作人交往。爱情的魔力往往能够消融现实生活中各种障碍，吴作人和李娜之间的爱情没有因此受到丝毫影响，反而更加紧密了。1932年夏天的某一日中午，李娜与姐姐之间的矛盾终于爆发。姐姐对李娜发出最后的通牒："你再同这个中国人来往，就别想再进我的门！我起先以为是个日本青年，那倒也罢了，可是你想想，爱一个中国人，你难道不知道，Pierre到中国去过，那地方教堂都给烧了，哪是我们白人能待的地方？我可以原谅你，

1934年，吴作人夫妇与五哥吴之翰合影

《李娜像》 1934 年

1935 年，吴作人四兄弟于二哥吴之屏上海家中合影

《沐》 1936 年

只要你和这个中国人断绝交往。"李娜反驳道："请住口！你难道不懂得对我的朋友应该有礼貌吗？再说Pierre是拿着枪去杀中国人的，愤怒的应该是中国人，该受诅咒的是白人！"盛怒中的李娜收拾好自己的行李走出了姐姐家的大门，自此再也没有回来过。正是这次强烈的冲突导致李娜落下了胃部痉挛的病根，乃至她的过早辞世也与胃病有关。

走出家门的李娜开始与吴作人共同生活，在之后的三年里，他们相互扶持和照顾，日子过得美满幸福。1935 年春，吴作人收到了老师徐悲鸿发来的回国任教的邀请，考验两人爱情的时刻到了。20 世纪 30 年代的中国还是比较落后的，没有当地语言技能的外国人要到中国生活，无论生活习惯还是思维方式，都会受到相当大的挑战。结果李娜选择了离开自己的祖国，跟随夫君来到万里之外那个被姐姐称为充满了"教堂焚毁者"的"野蛮之地"。

1935 年夏天，李娜随吴作人回到中国并在南京定居。彼时吴作人就任于中央大学艺术系，周围的朋友多有海外留学的经历，也有与外国人通婚者，李娜的生活倒也丰富多彩。可惜好景不长，两年后日本侵华，中央大学被迫搬迁至重庆。1938 年 5 月，安顿好家眷的吴作人组织战地写生团深入抗战前线写生，以期创作出精彩作品鼓舞后方的人民。李娜一个人在大后方，每天都要给吴作人写信，一边希望丈夫在身边陪伴，一边却又怪责自己的所作所为影响了丈夫报效国家，一个人在他乡的孤苦寂寞由此可见。1939 年 11 月 27 日，李娜在重庆诞下一子。时值日本侵略者对国民政府的战时首都重庆进行旷日持久的轰炸，医院缺医少药，而李娜在生产之后引发了胃部痉挛导致无法获取足够的营养。二十四天后，李娜于重庆结束了仅仅二十八年的人生，数日后，新生婴儿也不幸离开了人间。一个原本美好的家庭在战火的摧残下转瞬

1937 年，沙坪坝寓所聚会合影

1938 年，吴作人夫妇于临江门住所

破裂，吴作人的第一次婚姻以悲剧告终。

20 世纪 80 年代的某日，吴作人在听他的外孙女吴宁弹钢琴，当吴宁弹奏到柴可夫斯基《如歌的行板》时，她忽然感到身后的老人在无声的哭泣。吴宁连忙去问原因，吴作人哽咽地说："李娜葬礼上用的就是这首曲子。"李娜的去世让吴作人深受刺激，之后的半年他甚至双目不能视物，好在有朋友们的关怀和照顾才逐渐好转。之后吴作人两次西行深入西康和青海，如果不是家庭遭此大难，很难讲他是否还会做出同样的决定。2009 年，吴作人的百年回顾展在布鲁塞尔大皇宫展出，吴作人为李娜所作的油画《窗前》被放置在展厅最突出的位置，那个约你在博物馆见面的男孩把你的芳容倩影留下来了。

第四章 | 艺成归国

一九三五年九月，吴作人前往南京中央大学任教，一九三七年随中大内迁至重庆。一九三八年，吴作人与同校教师组织了中大战地写生团，冒着危险奔赴战区，用半年的时间辗转豫东、皖东一千多里地，用画笔记录了难民、伤兵和备战的兵营。

执教中大

百年巨匠
Century
Masters
吴作人
Wu
Zuoren

1935 年 8 月,吴作人回国后先在上海与母亲及兄弟团聚,9 月便北上南京任教。在徐悲鸿的帮助下,吴作人很快找到了一套房子,地点就在徐悲鸿住宅的斜对过 —— 傅厚岗 8 号。那时路北住着徐悲鸿、郭有守,路南住着叶楚伧,可谓群贤毕至,少长咸集。

开学后,吴作人作为中央大学艺术系讲师负责教授一年级素描和四年级油画。徐悲鸿认为留学回来后即任教授的职务容易脱离实际,不利于以后的成长,所以吴作人与吕斯百当时都只有讲师之衔。刚刚担任教职的吴作人难免有些青涩,当时他身着已经洗黄了的卡其布裤子,短袖衬衫,一直到开学后两个星期都被很多同学认成是助教。吴作人在教学上自成一格,比如他要求在调色板上插画笔必须笔锋向内以免弄脏衣服,石膏像上不得随意摆放衣帽以示对教具的尊重等等。

1935 年,吴作人在南京

他时常在课堂上对学生讲述布鲁塞尔皇家美院老师的严格,例如见到学生的作业敷衍了事,就会拿来一把撕掉,然后丢给学生两毛钱,叱令学生按照教学要求重新来过。虽然吴作人从来没有这样对待过他的学生,但他的油画教学也非常严格,遵循写实主义为第一要素。在技法上吴作人主张只用五六种基本颜色调配,不允许学生把杂七杂八的颜色一起挤上调色板,而这五六种颜色都是极其朴实的土质颜料，红只用土红，最多加上朱磦，黄只用土黄而不用鉎黄，蓝也是只用群青不用普蓝。学生必须开动脑筋，才能够灵活运用这五六种颜色，最后慢慢掌握调色的诀窍。吴作人不主张教具体的技法，因为教出来的技法是死方法，陈陈相因无变化，只能令艺术走向枯萎。

吴作人的大学任教生活很快走上了正轨。1935年10月9日，吴作人的三幅作品《纤夫》《静物》《甲胄》参加了中国美术会第三届展览会。10月27日，吴作人接替徐悲鸿主持《中央日报》的《艺术副刊》。11月7日，吴作人的作品参加了由中国文艺社所主办的"小幅画展"。1936年6月7日至15日，吴作人、吕斯百、

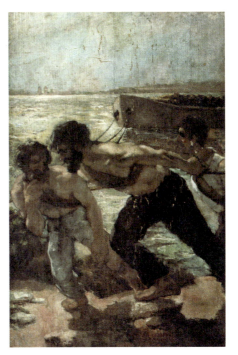

《纤夫》1932 年

《甲胄》1934 年

刘开渠绘画雕塑合展在中央大学图书馆举行，吴作人有 50 幅作品参展。彼时画家张安治对这次展览的吴作人作品有如此的评价：

吴君的作风沉郁而又明快，做法精炼而又轻松。他爱在深沉的黑暗里显示灿耀的光明，他歌颂人生痛苦的忍耐和反抗的精神。像伟大的《纤夫》走着无尽的路！最前的一个低诉着缠绵的痛苦，最后的一个青年则是勇往直前，而那当中的老者坚定而沉默，他了解这种痛苦是人生不可避免的命运，无须埋怨，无须嗟叹，虽然他已经担受了那样久而还要继续的担受！远远看到那沉重的木船，前面的绳索暗示着仍有无数人遭着同样的磨难。阴暗的天水更加强了这幅画的力量，使他完全和谐一致。如果有谁要在近几年的中国艺坛举出一些珍贵的收获，这无疑是一件！七十六号的《铁匠店》构图极佳，从那些粗健的手臂，猩红的火光，也表现为力与美的总和。九十号的《哥萨克兵》色彩和情绪都甚为壮烈。有扬起的双眉和颤动的嘴，手握着短刀，锐利的眼光更充满不可遏止的愤怒，极为动人成功。七十九号的《争论》也含着同样反抗的情绪。八十一号《失业者》描写贵族的衰落，绝望的哀愁，颓丧的姿态和阴影中失去光辉的双眼，使人充满同情与怜惜。而衣褶作法，爽利也值得赞美。六十八号的《女画家》在国外曾获得荣誉。那是用深沉的黑，微妙的灰和柔艳的轻蓝所组成的一个乐曲，和谐而又神秘，爽朗而又深沉，可以做他风格的代表。七十四号的《女工》和八十号的《缝纫》都是完美的佳作，而在强光处表现得更为明艳。吴君静物方面的造就也许在中国可算独步。不特表现了葡萄的水分，苹果的甜味，瓷罐铜壶的性质，和蔷薇芍药的光彩

《哥萨克兵》1931 年

与芬芳，更给予她们另外一种生命。他的风景如八十五号的《冬》，两株老树，一篇灰紫的善，被上淡淡的温阳和背光的薄雾，沉厚已极。五十六号《比京郊外》，则又是一种曼妙轻柔的幻觉。余如五十二号的《塘》，七十七号的《牧场》，有深沉的树丛，有明艳的天水，有丰柔的草原，都表现着自然的深静和丰富,成为都市人的梦想。他如九十四号的《背》,色彩柔妙,充满青春的光泽。八十六、八十七两幅人像,又各极其妙,显示吴君天才和风格的两种极端。

至此,吴作人的作品开始被主流社会所认知,除却展览之外,他的作品被各种报纸杂志广泛刊载,受到了各式各样的赞誉。可惜好景不长,随着日本对中国的侵略,吴作人舒适且有规则的教学生活被迫停止了。

初次在大学出任教职,吴作人原本是忐忑的,毕竟油画在当时属于另类艺术,并不是中国艺术的主流,举国上下甚至以"洋画"而名之,显然带有排斥的意思。但是经过一年多的教学实践和几次展览,吴作人对自己所从事的教育事业有了更多的信心。他认为艺术本无国界之分,纸绢画与油画只不过是材料不同,才导致表现的方式不

1936 年,与蒋兆和、顾了然、吕斯百合影

同。纸绢画更能表现高雅淡泊，令人悠然神往。而油画色调浓厚，构图在整个宇宙着眼，令人感奋。中西绘画都是画家对人生的感悟，能够真正理解艺术的人，不会因为艺术表现形式的不同而产生偏见，欣赏越多，则感悟越多。

与此同时，吴作人更加尽心尽力地投入到学院学科建设方面。因为美术的学院化建设在中国尚未普及，而中央大学艺术系是当时写实主义油画最坚实的根据地，也是老师徐悲鸿的全部心血所在，所以吴作人婉拒了国民党教育部次长张道藩聘他担任国立北平艺术专科学校油画系主任的邀请，继续执教于南京中央大学，为的是巩固西方艺术学院制度在中国的成长，捍卫现实艺术主义风格。

抗战写生团

1937 年 8 月，吴作人随中央大学内迁至重庆。中大在重庆的松林岗搭建了大片临时建筑当作校舍，战争再严酷，教育事业却断断不能耽误。学生们各自取道来到重庆，1938 年春天，中大终于复课了。

1938 年 4 月，第五战区总司令李宗仁率部在台儿庄击溃了来犯日军，毙敌两万余人，取得了抗日战争以来第一次正面军团大作战的胜利，大大鼓舞了全国军民的士气，坚定了抗战必胜的信念。

远在重庆的吴作人得知此喜讯备感兴奋，于是他心中冒出了一个想法，就是亲身踏上战场，把抗战将士的英勇事迹以图像的形式直观的介绍给大众，让英烈们的形象永存世间。他的想法很快得到了响应，孙宗慰、林家旅、沙季同和陈晓南与吴作人一起组织了"中央大

1937 年，中大艺术系师生合影于嘉陵江边

学战地写生团",由学校拨给经费,前往武汉国民政府军事委员会政治部第三厅报到,择机前往台儿庄前线采风。

战地写生团乘船到了武汉之后先找到了一个不花钱的地方住下。吴作人去武昌昙花林三厅文艺处找田汉,告诉他此行的目的是去前线战地写生,激励民众抗日决心。田汉听后很高兴,他请写生团一行先在武汉等候,待他去向领导请示,然后再作决定。可是,写生团等了一个多月都没有得到拨付经费的回应。吴作人几次去问田汉,他也给不出答案。好在武汉是三厅的工作地点所在,是文艺宣传工作的中心,写生团也不会没有事情做。吴作人就地创作了一幅《支援前方战士》的宣传画,连同他所带来的由中大艺术系联手所作的两幅宣传画,参加了在武汉举办的抗日宣传画展,受到了民众的好评。可是他们此行的目的地是前线,此时所携的经费也即将用尽,吴作人不禁开始焦急起来。这时他听说是陈诚对这项活动不感兴趣,原因是他对"南国"这块旧招牌放心不下。此外徐悲鸿曾专程从西南到武汉找陈诚,不料却遭陈诚冷遇,徐先生拂袖而去。两件事加在一起,写

1938 年,战地写生团合影

《战地值勤》 1938 年

《搜索残敌》（一稿） 1938 年

生团遭到冷遇就不足为奇了。
在进退两难之际，徐悲鸿给吴
作人出了一个好主意，让他直
接去面见参谋本部参谋总长白
崇禧和第五战区司令长官李宗
仁，并亲笔为写生团写好了介
绍信。由于徐悲鸿与国民政府
桂系大员关系密切，当吴作人
与陈晓南冒着酷暑走到参谋本
部的时候，白崇禧亲自接待了
他们，除了为写生团写好亲自
签名的致李宗仁的介绍信外，
还以个人名义奉赠了二百元活

1938年，船过三峡

动经费供写生团使用，同时还为写生团开了战区通行证明。

　　有了盘缠和路引，抗战写生团正式开向抗战前线。他们打着一个
三角形的旗子，上面写着"中央大学抗战写生团"，由武汉坐火车到
信阳，然后改乘汽车到第五战区司令部所在地潢川。李宗仁见到了老
朋友的弟子们感到非常高兴，特别是知道他们的目的是要到战场上为
抗日将士们写生作画，于是就在司令部宴请了写生团的全体团员，并
以自己的签名照片相赠。席间李宗仁问起写生团的出行计划，吴作人
表示是准备先去商丘然后再转至台儿庄进行采风。李司令认为这个
计划太过冒险，毕竟写生团的团员们没有受过军事训练，且日军反扑
行动在即，遂建议他们选择另外一条路线，即在商丘以西，潢川与商
丘之间，因为那一带有前方战士和战区伤兵医院、难民收容所等等，
可以在那里收集些素材。战区总司令的意见怎能不听从，于是写生团

一行便前往商丘一代采风作画，李宗仁唯恐这些画家有失，还委派司令部的官员随行。吴作人一行探军营，登碉堡，下战壕，深深体会到了抗战将士们不屈不挠的斗志，同时也抓紧时间画写生，把所见所闻用画笔描绘出来。一个星期之后，随行官员得到情报说日军已经准备行动，便将写生团劝归潢川总部，之后李宗仁再派军车将他们送回信阳。到了信阳之后，写生团坐火车回到了武汉，并在武汉就地解散，孙宗慰由于患胃病先行回渝，其他人也各奔东西，吴作人由于要帮助田汉做些美术方面的工作，直到 10 月初才坐船回到重庆。

　　组织战地写生团去前线写生源于吴作人对他所追随的写实主义的倡导和致敬。台儿庄战役历时约一个月，双方共投入兵力 35 万左右，伤损约 8 万人，战斗异常残酷，可谓尸横遍野。这个时候奔赴前线是需要超常的勇气和毅力的。为了把前线将士英勇抗敌的形象展现给大众，吴作人必须亲身踏上战场，而不是在后方闭门造车。吴作人自幼就喜欢打抱不平，同情弱者，挑战强者，在举国上下处于危难之际，他怎么能够平息胸中的波澜，不为国家贡献自己的一份力量呢？其实做出上前线写生的决定对于吴作人来说是非常艰难的，因为他必须要把妻子李娜一个人留在后方。战时物资匮乏，情况多变，可以想见一个人生地不熟且不通当地语言的外国女子的生活有多么不方便，但是大丈夫有所为有所不为，吴作人还是毅然决然地走上前线，为国家为民族贡献出自己的力量。1939 年初，抗战写生团在重庆举办了战地写生画展，把抗战将士在前方进行艰苦卓绝斗争的形象展示给后方的民众。而吴作人根据在前方写生画稿所创作的《搜索残敌》则被国民政府国防部订购，后来陈列在国防部的大厅中央。

重庆大轰炸

　　回到重庆后，吴作人继续任教于中央大学，并于 1939 年根据国民政府教育部评级制度晋升为教授，他的作品《嘉陵江石门》和《老农》被选中参加在美国巡回展出的"战时中国画展"，1939 年年初吴作人还得知了他要做父亲的喜讯。然而在战争的魔爪之下，任何的荣誉和幸福都是短暂的，个人的命运就像风暴中行驶在大海中的小船一样，危机随时都会降临。

　　1939 年 12 月 21 日，李娜因产后虚弱病逝，刚出生不久的婴儿也在四日后夭折，吴作人在双重打击之下左眼突患视网膜炎症导致失明。他不愿再回以前生活的刘家院子居住，于是在朋友吕斯百夫妇的帮助下搬到了曾家岩明诚中学一间闲置的教室。好在有朋友们的照顾和安慰，久而久之吴作人的心情和眼疾均开始好转。俗话说福无双至祸不单行，1940 年 6 月 11 日，日军轰炸机所投下的两颗炸弹直接命中吴作人的居室和院子，几乎将吴作人家中所有的物品全部炸毁，幸好吴作人当时已进入防空洞躲避，否则后果更是不堪设想。

　　1940 年 8 月 20 日，吴作人在嘉陵江南岸山坡上写生，时值日军轰炸机再次飞临重庆上空进行无差别轰炸，原本平静祥和的城市转瞬间变成了浓烟滚滚、烈火冲天的人间地狱。吴作人用画笔记录了当时的情景，之后又根据速写稿绘制了油画《重庆大轰炸》。

　　油画《重庆大轰炸》采用的是高视点构图法，自 30 度角俯瞰重庆市，山城就像一艘巍峨的巨轮横亘于嘉陵江和长江的交界处，远

《重庆大轰炸》（速写稿一） 1940 年

《重庆大轰炸》（速写稿二） 1940 年

方峰峦起伏，连绵不绝直入蓝天。单从背景看，这就是一幅引人入胜的风景画。然而山城上方扭动的一股股黑色浓烟使画面显得格外狰狞，黑烟下闪烁的火光显示出重庆人民正遭受着炼狱般的折磨。江水长流如泣如诉，整个画面定格于历史的某一个瞬间，虽然没有渲染残酷恐怖的细节，却将战争对人类文明的摧残描绘的格外深刻。

在这段时间，吴作人还绘制了《不可毁灭的生命》《空袭下的母亲》《防空洞》等油画作品。其中《空袭下的母亲》描绘了空袭中一位母亲失去儿子的悲苦之情；《不可毁灭的生命》则是赞颂即便在敌机严酷的轰炸之下，重庆人民的斗志依然没有被摧毁，死者已矣生者如斯，中华民族的抗战热情依然炙热；《防空洞》以吴作人早期惯常使用的深褐色为大背景，通过冷暖色调的变换展示洞内阴沉抑暗的气氛，如潮的人流传递着躁动不安的情绪。与《重庆大轰炸》相比，这幅作品从另外一个角度刻画了普通民众在家园遭受空袭时暂避于防空洞内的慌乱场景。前者着眼于宏观，后者入手于微观，两幅画一大一小，一前一后，都深刻地反映了抗战时期重庆人民

《重庆大轰炸》1940 年

的苦难经历，大者尽广大，小者致精微，两者相辅相成，可说是吴作人重庆抗战题材的姊妹篇。

　　为了配合宋美龄 1942 年底对美国进行的亲善访问，在美国著名政治家温德尔·威尔基的策划下，纽约现代艺术博物馆于 1942 年 11 月 11 日至 26 日举办了一场表现中国抗战的画展，吴作人的《重庆大轰炸》被作为重要展品进行展出。这次展览非常成功，诸如《纽约时报》《时代周刊》等均有报道。展览结束后，所有展品被送往美国其他重要城市进行巡展，同时这些作品作为义卖品出售，所售出的款项均用来支持中国抗战，《重庆大轰炸》以 600 美元的价格售出，自此去向不明。1988 年《重庆大轰炸》悄然出现在美国一个不知名的拍卖会上，被曾经在中央美院就读的艺术品经纪人吴尔鹿发现，并通过当

1941 年，在中央大学校舍外

时在美国侨居的吴作人的学生王征骅联系到了吴作人。吴作人见到已经暌别 46 载的得意之作不禁喟然叹息，百感交集。他随即复信给王征骅，信中写道："你问及《重庆大轰炸》，这是 1940 年的作品，是日寇侵华的铁证。我当时正在重庆长江对岸的高坡上，正好我随身带有速写本，当即记下敌人毁灭人性的屠杀。这画从 40 年代初就以为佚失，因为在历次炮火和动乱中，前后我损失了不少作品。想不到这幅侵略惨景竟在海外流传。"吴尔鹿后来将此作品出售给美国华盛顿国家画廊创办者安德鲁·梅隆家族的后代柯瑞·梅隆，2002 年柯瑞的后人将此作品送至香港佳士得拍卖行出售，后由中国藏家刘钢以 172 万港币竞得，这幅作品在海外流离了一个甲子之后终于回到了祖国。

抗战时期的吴作人和大多数中国人一样经受了人生的惨痛，国破家亡，但是他并没有自此消沉。吴作人有着与生俱来的救亡图存的责任感，神圣的抗战之火激发了他的创作热情，他要以手中的画笔记录下历史的片段，要以颜色描绘出敌人的凶残，从而完成唤起民众共赴国仇的使命。吴作人坚信"艺术使我们奋发，艺术使我们感叹，艺术使我们疲乏的精神振作，艺术使我们勇往直前。在这共同反应之下，我们共同的情感就集合起来而发生无可阻挠的力量"。就是在这种精神力量的激励鼓舞下，吴作人在 20 世纪 40 年代初期创作出相当数量的名作。

第五章 —— 西行求索

一九四三年，吴作人开启了西行写生之旅，前后历时三年，足迹遍及青海、甘肃、陕西和当时的西康，完成了《祭青海》《打箭炉少女》等一批带有探索性的油画。从这时起，吴作人的艺术风格开始向民族化的方向转变。

西行之念

吴作人在房屋被日军飞机炸毁之后便居无定所,1940 年年底,吴
作人搬入重庆瓷器口凤凰山半山腰一座已经废弃的石碉堡内栖身,与
由云南迁移过来的王临乙夫妇、常书鸿夫妇、秦宣夫夫妇和吕斯百夫
妇为邻,一群油画家比邻而居,倒也其乐融融,别有情趣。战时各种
资源都极其紧缺,作为油画家来说,没有作画的材料是最为苦恼的,
画布倒是还好说,可以土法上马,自己制作,而各种颜料的匮乏则让
人束手无策。好在那时候吴作人的画名已显,多有上门求画者如英国
新闻处等单位,吴作人便要求以油画颜料折抵画钱,这样便解决了材
料问题。

1942 年,与中央大学艺术系师生合影

《碉楼故居（嘉陵江）》1942 年

　　1942 年 12 月，由中华民国教育部主办的第三次全国美术展览在重庆两浮支路中央图书馆举办，吴作人的参展作品有油画《空袭下的母亲》《不可毁灭的生命》《黄帝战蚩尤》《搜索残敌》等，其中《空袭下的母亲》获得教育部学术奖第二等奖，之后被教育部留存，而《不可毁灭的生命》则被时任国民政府立法院长的孙科所购藏，《搜索残敌》后被国防部收藏。

　　生活的稳定和艺术上的成就并不能消解吴作人胸中的壁垒，国破家亡的愤怒和伤感一直挥之不去，吴作人更需要的是找到一处清净所在疗伤止痛。某一日，南国社旧友郑君里来访，他向吴作人讲述了他去西北边区拍摄电影的经历和那里天高云淡地广人疏的瑰丽景色，尤其是敦煌石窟中所发现的各种壁画和造像。吴作人顿觉眼前一亮，仿佛又发现了生命中的闪光点，自此开始谋划西北之行。

《不可毁灭的生命》 1942年

《皇帝战蚩尤》 1942年

吴作人西北之行的实施是要付出很大代价的。1942年初，吴作人被教育部聘任为终身教授，作品也受官方及上层人士所欢迎，除了经常收到政府订件之外，例如孙科、孔祥熙等国府大员均主动上门求购，可谓名利双收。一旦西行计划开始进行，吴作人必须要辞去教职，同时还要远离政治文化中心，更别说西北边疆的严酷气候以及种种不安定因素了。所以说吴作人西北之行的决定一定是经过深思熟虑的，并不是一时冲动，而敦煌对他的吸引更是起着决定性的作用。张大千自1941年开始在敦煌莫高窟临摹写生，艺术界早已知晓，那里各种南北朝及唐宋的壁画真迹最是引人入胜。吴作人在1935年1月写给常书鸿的信中曾言道："伟大不朽之创作，问题非在宣纸或绢，鸡毫或羊毫，色粉涂新壁或油色绘在布上，铅笔或炭笔，线条之粗细或竟是没骨……此仅艺术表现之不同之工具，无论什么工具皆可成伟构。"显然吴作人很早就认为创作出伟大的艺术并不只是依靠某种特定的工具和材料，艺术家本身才是最为关键的。此时的吴作人从比利时回国已经八年多了，不同的环境和人文因素都对吴作人油画的表现形式产生了或多或少的影响，他意识到了写实油画难以做到言有尽而意无穷的局限性，已经到了要通过自己的探索和研究走出新的艺术道路的时候了。此外，重庆的地理位置对去西北旅行有实际上的便利，万事俱备还有东风，那么就出发吧。

西行赴敦煌

工欲善其事，必先利其器。吴作人首先为自己设计了一个大画箱，箱盖内侧有几条槽，每条槽可以插入不同尺寸的画板，中间留有空隙，画好后的作品不会碰撞；下面分格，大格内存放油画颜料，长格放画笔、画刀和炭精条，小格放油壶、调色油等；底面装三根可折叠的木棍，打开撑起来就成了画架。1943 年 4 月，吴作人辞去中央大学艺术系教授的职位，带着自己私家订制的画箱开始西行。吴作人先到成都，暂住在朋友庞薰琹家，为国民政府西康省主席刘文辉夫妇以及其他社会名流画肖像，筹措西行所需的费用。

6 月，吴作人趁南国社的老朋友、电影明星金焰拍戏之便，搭乘飞机由成都飞往兰州。

1943 年，与李约瑟合影

到了兰州，吴作人住在了甘肃省科学馆的客房，时任科学馆馆长的袁翰青是他相识多年的朋友。按照计划，吴作人向政府机关申请往返新疆的通行许可证，但是不获批准，无奈之下只好实施另一个计划，前往青海省参加一年一度的“祭海”大典。到了西宁，吴作人却听说当年的“祭海”

有可能取消，暂时还不能确定。吴作人觉得还是要碰碰运气，再等一等，于是就在西宁郊外的湟川中学住下，后又在著名的喇嘛庙塔尔寺与僧侣们共同生活了十天，住持很欣赏吴作人的才华，允许他随意写生作画。8月初的某一天，吴作人忽然得到通知，"祭海"典礼将在两日后于青海湖东侧的呼图阿贺举行，他已被列入了嘉宾名单。皇天不负有心人，吴作人和其他被邀请的嘉宾一起乘车先到三角城，然后骑马参加"祭海"仪式。

吴作人于8月底回到兰州，在科学馆遇到了刚从敦煌莫高窟回来的向达和司徒乔，对敦煌有了更深刻的了解。9月初，吴作人搭乘"羊毛车"到达酒泉，之后再经由玉门油矿酒泉办事处介绍搭乘去敦煌的"中英科学合作馆"的便车，与中英科学合作馆的馆长李约瑟、新西兰作家路易艾黎一起前往敦煌莫高窟。路残车旧，一路上很不顺利，到达敦煌已经是10月份了。吴作人狂热地进洞临摹写生，有一次还从洞中跌落导致遗失了不少画具。由于过度投入，不到两个星期吴作人就因为水土不服而双腿浮肿不能行路，只好卧床养病。在敦煌，吴

《敦煌壁画之供养人》1943年

《彝族妇女》1943年

《玉门矿景》（稿） 1943 年

《兰州郊外》 1943 年

作人临摹壁画的方式与其在巴黎博物馆中的临摹方式相同，主要是从整幅壁画的构图虚实、色彩支配及形象摆布这三个方面着手。吴作人临摹的手法与他画素描习作相同，先是准确勾画出对象的位置，然后再上颜色。因为在敦煌是短时期临摹，等于是在汲取敦煌壁画的精华，所以吴作人一般只画壁画中的局部而非整体，有时甚至只临摹一幅壁画中自己比较喜欢的形象。

等到身体痊愈已经是 10 月底了，此时吴作人收到了玉门油矿的邀请，请他绘制一帧大幅油画以备来年参加在重庆举行的中国工业发展展览会。11 月初，吴作人与李约瑟等人一起离开了敦煌，吴作人在玉门暂留收集素材，为油画创作做准备，直到 11 月下旬方回到兰州。不久，吴作人听说自己被当地政府列入"共嫌"名单，为避免发生意外，他于 12 月初乘车离开兰州。和来时坐飞机的顺利不同，回程充满了各种意外，如汽车抛锚、路面湿滑等等，结果吴作人花了近两个半月的时间才回到成都，相比半年前几个小时就到达了目的地，这次真是一次漫长的旅途。

1944 年初，吴作人根据参加"祭海"典礼的速写稿完成了他的代表作之一《祭青海》。此幅作品为木板油画，尺寸为 61 × 80 厘米。画面远景是白云蓝天和一望无际的青海湖，前景为碧绿的草原、奔驰在草原上的马群以及参加盛典的来访宾客。画面清澈明亮，一改欧洲油画沉郁的风格，想必是高原独有的风光给了吴作人新的启迪，高原辽阔明朗的风貌在画面中一览无遗，一派豪迈气概。吴作人在出任中央美院院长时将该作品陈列于办公室。"文化大革命"时，该画被扔到垃圾站，有位工人发现其尺寸特别适合钉在办公室的门框上挡风，于是把它拿到了办公室门口，就在他要把画板钉在门框的时候，有一位美院的老师路过，发现这幅画很是眼熟，便好说歹说用另外一块木

《祭青海》1944 年

板把这幅画换了回来，回到家后把画面清理干净后还给了吴作人，这幅画才得以保存。名作和名人一样，都有着自己的命运，有时看似偶然，其实却是定数。

吴作人的家境普通，自幼没有太多的机会观摩中国古代名画，而他所受的正统教育则完全来自于西方。在西方文化处于强势地位的民国时期，吴作人以西方的绘画观点作为自己对艺术的评判标准是非常自然的事情，譬如他会认为敦煌的唐代佛教造像有可能源于希腊艺术晚期的"希腊风"，以及在某一洞窟顶端发现"黄道十二宫"的符号等。但吴作人的艺术思想并没有被西方理论所固囿，他在寻找自己的新天地。当年赴西方求学，吴作人和多数中国学者一样怀的是图强救亡之心，可是到了此时看到的却是国破家亡的惨景，难免心中郁闷，痛苦难平。敦煌之旅对于吴作人来说更像是一场试练，希冀通过自己的发现让精神得以升华。吴作人发现莫高窟中的壁画集北朝、隋唐、西夏之大成，自北朝之奔放到唐朝之雍容，再至西夏之平淡，从其艺术表现便可观察出国运的兴盛衰落。作为一个身处战乱中的艺术家，吴作人对此感同身受，五味杂陈。世间事总是天道循环，否极泰来，一时的挫折并不代表着永远的失败，有着悠久历史的中国怎么会败亡呢？清理了思绪，吴作人重新走回到属于自己的艺术道路上，这次他要创作出有中国气派的油画。

再次西行

第一次西行结束后吴作人就一直住在成都，在这里他根据西行的写生稿创作出油画《祭青海》《玉门油矿》《青海市场》等作品。《玉门油矿》是一幅1.5×3米的巨幅油画，作为酬金，玉门油矿送了吴作人一桶汽油和一批蜡烛，吴作人通过朋友把这批物资出售，获得了数万元现金。

除了作画，吴作人还参加了在成都的艺术家刘开渠、庞薰琹、丁聪等组织的"中国现代美术会"，作品《祭青海》《青海牧场》等参加了美术会组织的首届展览。

为了保证第二次西行的资金充裕，吴作人在出行前为国民政府成都市市长余中英的母亲、四川省主席张群、西康省副主席张为炯等人画像。此外，他还将自己的油画箱再次升级，又托人购置了一批

1944年，与作品《青海市场》合影

1944年，在四川青城山速写

进口颜料。1944 年 6 月底，吴作人再次出发，这次的目的地是西康省。

经过近一个月的路程，吴作人抵达了西康省的省会打箭炉，即现在的康定市。在打箭炉，吴作人与爱好文艺的当地保安司令金拵九结为好友，并开始以打箭炉为基地在周边写生作画。某一日，金拵九介绍吴作人为当地

《打箭炉少女》1944 年

木家锅庄（汉藏商贸集散地，类似现在的商业城）的女主人牟秋云画像。牟秋云是当地著名的美女，得知有名画家要给她画像十分高兴，对画家的各种要求都十分配合。天时地利人和，吴作人画得格外酣畅淋漓，一幅画不到一个小时就已经大功告成。牟秋云对此画非常喜爱，声言无论出多少钱也要留下此画，可是吴作人却拒绝出售，场面一时有些紧张。金拵九这时出来好言相劝，告诉牟秋云这幅画吴先生是要带到南京参加展览的，以后就连蒋介石都能看得见。这番话勾起了牟秋云的虚荣心，使她最终放弃了索画。这幅作品是吴作人通过两次西行所收获的艺术心得的汇总，也是他中国气派油画的奠基之作，这种用心血换来的艺术结晶怎么能轻易与人呢？《打箭炉少女》这

幅木板油画的尺寸仅为 30×22 厘米，画面虽然简洁，但是其中乘一总万的笔法和脱胎换骨的色彩关系，却是吴作人西行艺术改造的成功标志。这幅画之后长期悬挂于吴作人的客厅之中，并参加过无数次展览，刊载于无数画册，也曾作为杂志封面照片，可见吴作人对此幅作品的喜爱之情。对于画中人来说，虽然蒋介石没有看过这幅作品，但是她的形象却就此留存在中国美术史中，应该也足以欣慰了。

吴作人并不满足在打箭炉的生活，他要进入西康深处，体验更加原始的世界。10 月 31 日，吴作人随重庆交通部委派的青藏公路勘察团一起出发前往甘肃省玉树县，一路途经了大雪山、塔公寺、道孚、炉霍、甘孜等地。冬天的大西北条件非常艰苦，但是吴作人却坦然处之。皇天不负有心人，在这次出行中，吴作人找到了两个伴随自己终生的艺术符号 —— 牦牛和骆驼。

牦牛和骆驼原本是藏原上最寻常的动物，它们均可负重，牦牛还能够为人类提供食物，从古至今没有人把它们当作描绘的对象。战争

1944 年，在青藏高原松林口速写

1944 年，过高原时铲雪

时期的艺术家总是敏感的，当吴作人看到牦牛在雪原上一往无前的奔腾、骆驼在艰苦的环境下默默行进的时候，他的心弦被深深地触动了，因为他看到了两种优良的品质，而这两种品质正是抗战时中华民族

《榆林宫藏獒》 1944 年

所特有的，那就是在困苦中坚忍生存、在战斗中勇敢搏杀。吴作人在之前所作的油画《黄帝战蚩尤》和《不可毁灭的生命》中所歌颂的就是这样伟大的精神。吴作人曾表示："40 年前到青海，高原上的牦牛给我的感受是力的表现。所以我画牦牛并不重在它的具体形态如何，而主要在于表现它的性格、它强有力的体态和迅捷的速度。"他还曾说过："我见过画骆驼的不多。据我自己的认识，骆驼自有它独特的性格。戈壁滩上的骆驼能够负重致远，不畏艰苦，跟牦牛的雄强与猛冲不同，它是一步一个脚印地往前走。从动物本身说来，这是它的特性；对人说来，能把人带到一个与环境奋斗的境界，一个既是诗，是音乐，又是画的境界。"为了能够充分地表达出牦牛和骆驼所代表的精神，吴作人开始着眼于用传统水墨来阐述和概括。现在看来，吴作人最早的水墨描绘对象就是牦牛和骆驼，间或有马和金鱼的形象。直到 20 世纪 60 年代，吴作人因身体原因停止油画创作而专研水墨，牦牛和骆驼的形象更加丰满，并随着其创作的成熟而深入人心，成为他标志性的艺术符号。

《藏莽》 1948 年

1944 年 12 月 10 日，吴作人从玉树回到了打箭炉，在金拓九的安排下，吴作人举办了西行写生的个人画展。原本吴作人打算继续在打箭炉住一段时间，可是到了月底，金拓九找到吴作人，表示西康省当局认定他有通共嫌疑，建议他速离险地，吴作人只好先搬到教会师范学校的一间斗室之中暂避风头，收拾好行李后仓促离开了打箭炉。

至此吴作人已经两次被当成"共嫌"而遭到当局的特别对待，但是 1949 年以前除了恩师田汉之外，吴作人并无任何共产党员朋友，这些无中生有的指控看上去毫无根据。如果仔细分析，可能是作为名画家的吴作人平时多与底层人民接触，导致偏远地区的官方无端生疑。

西行归来

　　吴作人于 1945 年 2 月中旬回到成都，第二次西行就此结束。3 月，吴作人参加了中国现代美术会的第二次画展，并开始着手准备他的西行展览，将自己新的艺术感悟和观众分享。

　　1945 年 5 月 25 日至 27 日，"吴作人旅边画展"在成都祠堂街四川美术协会院内展出，作品广受好评。时任四川省教育厅厅长的郭有守撰写长文《画家吴作人 —— 人和作品》，对吴作人的艺术做出了高度的评价。文中言道："他的个性，他对自然的兴感把他从前人解放出来，运用他湛深的技巧，走上独特风格。"同时他又预言道："一位三十七岁的画家，能有这样的成就，一定经过了多少困苦和奋斗。

1945 年，吴作人像

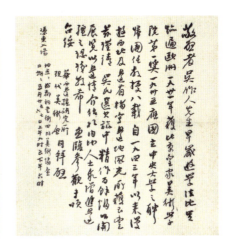

1945 年，"吴作人旅边画展"请柬稿

1945 年，受苏利文夫妇邀请，在成都华西坝的教授宿舍区参加"盟军节"活动

我不愿意说作人已到了成功的高峰，正当年富力强，应该在不久的将来，可以看见他更惊人的杰作。"音乐家马思聪著文《绘画上的中国作风》，评论道："这沙漠上的朝阳，这动向不可知的旅途的驼群，这喇嘛寺神秘的深红，又恐怖，又庄严。还有风景，时而冰天雪地，时而绿草茵茵，那令人感到有奇妙的和弦与旋律在响动。"社会以及学界对吴作人的作品的好评，使他对自己的艺术改革充满了信心。

　　1945 年 8 月，日本战败投降，中国赢来了抗日战争的伟大胜利。吴作人准备回到重庆，在那里举办一个比成都更详尽的回顾展，将离开重庆两年的所得一并呈现出来。回到重庆后，吴作人因交通不便没有回到以前的居处凤凰山，而是住在了比较靠近市中心的天官府，同时联络亲朋好友，为 12 月份的个展积极做准备。12 月中旬，"吴作人画展"在重庆七星岗江苏同乡会举办。因肾病已经卧床数月之久的恩师徐悲鸿在展览的第二天亲临现场，他看完展览后非常高兴，并对吴作人说："你这几年的功夫没有白费，我要写一篇短文。"得到了老师的鼓励，吴作人感到非常振奋，更加坚定了走自己中西艺术相融合的道路。不数日，徐悲鸿的艺评文章《吴作人画展》发表于重庆《中央日报》，全文如下：

作人为今日中国艺坛代表人之一，天才高妙，功力湛深。1933年余在比京王家美术院，晤其师白思姜（即巴思天）先生，告余曰：此优异之学生，令本院生光。盖吴作人于先一年（应为先二年）在全校竞试获第一，有权利占院中单人画室居住工作。尔时，作人即有多量可许之产品，受欧洲北派

1945年，徐悲鸿艺评文章《吴作人画展》

熏陶，色彩沉着，《纤夫》一幅，可代表此期作品。厥后返国任教中大艺系，一本吾人共守之写实主义作风，孜孜不懈，时以新作陈出为人称道。"七七"后，随中大迁川，曾赴前方写取抗战史实。三十二年春，乃走西北，朝敦煌，赴青海及康藏腹地，摹写中国高原居民生活，作品既富，而作风亦变，光彩焕发，益游行自在。所谓中国文艺复兴者，将于是乎征之夫。其得天既厚，复勤学不倦，师法正派，能守道不阿，而无所成者，未之有也。彼未画商捧制之作家，虽亦颠倒一时，究非吾人之侣也，而其捧制之方法，为吾人所稔知，状实可鄙，昧者尤而效之，终亦不能自藏其拙也。作人其安于所守，亦邦家之光也。

《巴安弦子》 1945 年

徐悲鸿此文对吴作人来说有极大的分量，老师充分肯定了他的天才、勤奋和绘画功力，赞扬他恪守正途，坚持写实主义，并能走出具有个人艺术风格的新路，给予了吴作人艺术上最大的肯定。

吴作人的朋友，西行的倡议者郑君里在 1945 年 12 月 17 日的《新民报》晚刊发表文章《西北采画》，文中写道："我看重他的水彩过于他的油彩，虽然水彩是他的新试作。他开始用浓郁的中国笔色来描绘中国的山川人物，这中间可以望见中国绘画民族气派的远景。"显然，这位南国时期的老朋友已经看出了

《神水》（印刷品） 1945 年

吴作人心中的伟大构想。

从吴作人 1945 年所作的长卷《藏茶传》，可以看出他向中国画转变所做出的尝试。此作为纸质水墨长卷，尺寸 38×392 厘米，现藏于法国巴黎东方美术馆。和中国传统长卷散点透视的画法不同，此作更像是用手机的全景模式所拍摄的那样，近大远小，各个场景一一铺陈于前。虽然以水墨作画，但是效果看起来更像是水彩，同时画面中几乎没有线条勾描，全部用没骨法处理，说是中国画也不完全符合，我们可以称之为"新中国画"，这是吴作人进行艺术转型尝试的一个最好的样本。

吴作人的学生沈左尧曾经问起他一生中最有意义的事情是哪一件，吴作人毫不犹豫地回答："当然是去西北写生。"的确，西行的经历对吴作人的艺术生命起到了至关重要的影响。成功的艺术家总是尝试改变自己的艺术风格，而风格的转换则需要有合适的契机，能否掌握这种机运则要靠艺术家的能力和造化了。1935 年的吴作人意气风发，他在致信常书鸿时曾经言道："可知民族性在艺人修养中自然

流露，今之为恐失民族性而戚戚者，当知非油色麻布之能损我民族性了。"十年之后，他的油画技法更加稔熟，却要另辟蹊径，希望用不同的艺术形式来表达自己的艺术理念。究其所以，艺术的表现形式不仅仅在于工具，更在于伟大的思想。这种转变并不代表吴作人放弃了对于油画表现的探索，而是他通过反思总结过去所学，进化为具有自己风格的创作手法，犹如一位武学高手在精通本门派武功的前提下自创出独门武功，是需要极大的天分才能完成的。对于吴作人来说，他的油画色彩在西行中一改北欧画派沉郁的调子而逐渐明亮饱满起来，在创作上已经完全走出了一条自己的新路，这种新路，就是通过所绘对象自身颜色的对比，实现其性格的凸显。这样，原本无论是东西还是人都被作为整体中的一个具有形体和色彩的"物"，现在却变成了一个自我凸显的"人"。自此之后，吴作人一直在调试他油画中"中国气派"的表现方法。

第六章 ｜ 花好月圆

一九四六年，吴作人正在为成为一名自由画家做着准备，他和丁聪等人筹办了上海美术家协会，在协会的一次画展上，他再次遇到了老同学萧淑芳。一九四八年六月，各自经受过情感曲折的吴作人与萧淑芳在北平举行婚礼，正式成为夫妻。

沪上情缘

"吴作人画展"结束后，吴作人准备回到久别的上海和母亲以及兄弟见面。抗战胜利后，身在重庆的各路人马归心似箭，吴作人以一根金条为代价，托了朋友才好不容易买到一张机票。这时恰巧有比利时留学的老朋友朱星门包了一条船沿江回上海，吴作人就将他所有的画作、衣物和藏品等委托他带走。等到打包的时候吴作人才发现他寄藏在朋友家的三卷油画丢失了一卷，但是这个时候也难以细细究查，只好遗憾地放弃了。后来吴作人听说在重庆有人拿他的油画做雨伞，上好的亚麻布和精致的油彩用来挡雨效果的确不错，但实是有些暴殄天物了。

1946 年 2 月，吴作人回到上海，见到了分别八年的母亲。母亲见吴作人以前是全家出行，而现在只剩得一个人回来，不禁泪流满面，吴作人和母亲一起抱头痛哭。在这个生灵涂炭、哀鸿遍野的战乱时代，吴作人和全体中国人一样，经历着生离死别的苦痛。吴作人作《卜算子》词曰：

独破白云归，谁住白云后，
却诉前情不忍陈，泪湿青衫袖。
莫问游子心，游子心如旧，
只是春风不解愁，吹碧窗边柳。

在上海时，吴作人住在八姐的家里，在这里，他创作了代表作《乌拉（无偿劳动）》和《藏女负水》。吴作人的学生、著名画家艾中

《乌拉（无偿劳动）》1945 年

《藏女负水》1946 年

信曾评价："1946 年创作的《藏女负水》相当清明，在他的油画上还没有看到过这样的蓝天白云和明丽的阳光，一弯溪流，滋滋淙淙的，他幻想出一幅沁心的和平景象。这是他接触到高原人民生活和敦煌石窟艺术以后的一个鲜明的风格转变。应当指出，这和他开始致力于水彩画和水墨画也是分不开的。"这幅作品用色清澈明亮，画中主角是那位背着水桶的藏族姑娘，她侧回头向外观看，对于一个异族画家的出现感到很好奇，但又没有特别的表示，就像是某年某月某一天的那场美好邂逅，没有激动，没有赞歌，也没有别离。藏女的画面处理手法洗练概括，脚下溪水蜿蜒，天上白云碧空，画面单纯而丰富，色彩明丽而和谐。料想在创作的时候，吴作人的内心也因为抗战胜利而明亮起来了吧。

除了在家创作，吴作人还参加了许多社会活动和展览，担任了

1946 年，上海美术家协会成立第一次画展合影

上海美术作家协会的理事。4月，上海美术作家协会与内地画家举办联合展览，特别声明参加画展者必须历史清白无为日寇服务之经历，展览获得了热烈的回应。在展览的开幕式上，吴作人与萧淑芳重逢了。

1946年，在上海八姐家二楼

萧淑芳在中央大学艺术系徐悲鸿工作室进修之后就回到了北京，在那里，她与青年医生余新恩相识并结合。余新恩系出名门，父亲余日章是基督教领袖、中国红十字会的创始人。1937年底，萧淑芳与余新恩一起赴欧洲游学，在瑞士New Châtel大学旁听法文并习木刻，举办个人中国画展。后于法国巴黎"自由画室"习人体速写，并于伦敦大学斯莱德美术学院选修雕塑和油画，1940年初回国。1942年萧淑芳患重病，因抗战时期医疗条件差，病情辗转，直到1945年方痊愈。在萧淑芳患病期间，余新恩却移情别恋，他的无情背叛深深伤害了萧淑芳。

再次见面的吴作人和萧淑芳感到格外亲切，老同学叙旧总是有很多共同的话题。谈及各自沉痛的生活经历，两个人发现能够相互理解，爱情的种子开始萌芽。

彼时，吴作人的心愿是成为职业艺术家，西行经历给了吴作人足够的信心，认为凭画艺能够走出自己的一片天地。他和朋友司徒乔约定回到内地就成立自己的工作室，他们认为在学校搞教育工作不是进行艺术创作，学校也不是搞艺术的环境，今后要在艺术创作上下功夫，不再到学校去教学了。就在此时，吴作人收到了远方的一封来信。

第六章 花好月圆

87

　　抗战期间，吴作人的妻子与儿子先后离世，房屋居所也被炸毁。基于几近绝望的心态，吴作人毅然西行，在这期间他的艺术获得升华，开始走上自己独创的艺术道路，可谓"失之东隅，收之桑榆"。想当年吴作人赴战地写生，妻子李娜虽然支持，但是一日一信的频率很难让吴作人再次做出经年远行的决定。在西行之前吴作人已经是国内著名画家了，即便没有画廊支持，他也能够接到政府、官员和富商的订件，可以自己承担整个西行的费用。西行结束后，吴作人的艺术水准高度提升，已经跻身于当时顶级艺术家之列，他的私人订件（画人像）酬金为一根金条，这还是在他急需资金的前提下，否则他基本不接社会人士的订件。正是基于这份自信，他回到上海之后一心准备当职业画家。

北上教学

　　1946 年晚春，徐悲鸿接受国民政府教育部部长朱家骅之请出任国立北平艺术专科学校校长，鉴于他第一次赴北平执教失败的经验，他决意要带齐自己的班子赴任，以自己的艺术主张重建北平艺专。于是，徐悲鸿先后写了两封信委托李宗津带给吴作人，邀请他出任教务主任一职。

　　信函一：

　　　　作人弟鉴：

　　　　教部将聘我为北平艺专校长，故必请弟为我助，此事关系中国艺术前途至大幸，弟勿辞。我本欲约叶浅予兄为中国画系主任，但闻彼将赴美，但我必待之，幸转告并为我致意也。此祝画展成功并候近佳。

　　　　　　　　　　　　　　　　　　　　　　　　悲鸿

　　　　　　　　　　　　　　　　　　　　　　　　六月十日

　　信函二：

　　　　作人吾弟：

　　　　吾一应教育部之聘，即将前往北平接办（日伪的）北平艺专。余决意将该校办成一所左的学校，并已约叶浅予、庞薰琹、李桦诸先生来校任教。至于教务主任一职，非弟莫属。务希允就，千祈勿却。至盼！

　　　　　　　　　　　　　　　　　　　　　　　　悲鸿

1946年，徐悲鸿致信吴作人，相请北上任教

信函二的内容由吴作人与廖静文分别默记，大意如此，但是"左"这个字两人记忆无差。吴作人后来将第二封信焚毁，按照他的回忆："可惜这封信在1947年我离平赴欧讲学，怕白色恐怖搜查宿舍，信落在敌人手里对徐先生不利，故于行前将这信付火。因为在白色恐怖时代，'左'就意味着共产党，就是'戡乱'的对象，就要坐班房。"

1937年日军占领北平之后，北平艺专还有教具图书和留守人员。日本人觉得北平应有艺术学校，于是又成立了一个北平艺专，实际上用的是老艺专的底子。日本投降后，国民政府把当时的伪专科学校都合并在北京大学，艺专是第八分班。南京教育部派徐悲鸿到北平，就是把第八分班接过来再成立一个北平艺专。

收到信后，吴作人陷入了深思，他深知老师此行的艰难。首先，北平是传统文化重镇，与上海的开放风气大有不同，推行新的艺术所遇到的阻碍力度将会非常大；其次，自己的艺术主张是普罗艺术，而教育正是向更多的人普及和教导艺术之道理；第三，老师徐悲鸿曾对自己多方提携，如今年事已高，不能有负老师之希望。第二天吴作人即做出放弃成为职业画家的决定，表示会与徐悲鸿一起北上接管北平艺专。

《雪原藏犛》1946 年

　　虽然说吴作人接受了老师的邀请，但是心中还有一件事情放心不下，那就是萧淑芳了。两个人刚刚萌生了爱情就要分开两地，而距离往往是爱情最大的敌人。好在萧淑芳的娘家就在北平，而且他们的寓所竟然和艺专校舍相距不远，这真是老天都在帮忙啊。在离开上海之际，吴作人送了一把扇子给萧淑芳。此柄扇子一面为水墨牦牛，另一面有自题诗三首，以记重逢而又离别之情。

　　其一：

　　　　　　何曾入蜀似登天，天外更生碧海烟。

　　　　　　一去十年春讯隔，边风八月透胡毡。

　　其二：

　　　　　　三月烟花乱，江南春色深。

　　　　　　相逢情转怯，未语泪沾襟。

　　其三：

　　　　　　梅雨春江满，离情入画图。

　　　　　　乘潮东海去，更得见君无。

　　萧淑芳鼓励吴作人帮助老师办好学校，如果有事可以找老父帮忙，并告知吴作人来年萧家五姊妹将会齐聚北京为父亲祝寿，届时有缘将会再次见面。吴作人放下了所有的包袱，1946 年 7 月底，他与徐悲鸿夫妇及李宗津等人一同乘船离开上海赴北平任教。

　　《雪原藏犂》扇面可能是目前留下来最早的吴作人以牦牛为题材的水墨画了。在这幅作品中，画面的主要构成部分仅仅为牦牛和雪原，牦牛的主体纯以墨色涂染，再以墨线来突出雪原的辽阔。吴作人开始用中国画的处理方式来表达自己的艺术思想，很显然他非常满意自己的这次革新，才会把这幅扇面当作定情之物送给心仪之人。

　　1946 年 8 月，北平艺专在东总布胡同正式复学，吴作人任教务主任兼油画系教授。就像吴作人事前预想的那样，矛盾和冲突很快就来临了。

　　徐悲鸿的艺术思想是提倡"尊德性，崇文学，致广大，尽精微，极高明，道中庸"，以写实主义为基础，以素描写生为手段，对当时守旧传统的中国画坛进行改革。这次赴任北平艺专校长，他吸取了以前单枪匹马失败的经验，组织好了自己的团队，准备进行长期的工作。按照徐悲鸿的复校设想，学校的主题思想是"左"的艺术思想。他首先为被国民党除名的进步学生恢复学籍，然后又成立了北平美术作家协会，和国民政府支持的中国美术会分庭抗礼。吴作人在出任北平艺专教务主任的同时又担任了北平美术作家协会的理事长，被推到了战场的前线。

　　果不其然，吴作人最先受到了反对势力的冲击。复校之后，吴作人提出的助学金分配计划受到了训导处的强烈反对。训导处直属国民党社团，按照他们的原则是把助学金分配给三青团团员以及政治思想偏向于国民党的学生，而真正成绩优秀的贫困学生则不受重视，被排斥在外。吴作人作为教务主任亲自拟定了一份名单,名单上的学生都是真正有才华同时成绩优秀的,于是双方产生了冲突。最后在校委会投票表决的时候,吴作人的名单胜出,训导处和三青团开始寻衅报复。

1946年年底的一天,吴作人一进校门就看见到处都是标语,标语上写着"打倒吴作人""吴作人必须离开艺专""吴作人是捣乱分子头头"之类。这些标语贴了满墙,走廊、办公室到处都是。吴作人当即走入训导主任的办公室,厉声质问并要求合理的解释。训导主任身边有人声称助学金名单不公平。吴作人表示此名单是校委会所决定,不是他个人的意见,并要求闹事人员对此事道歉。一个小时后,两个领头的学生向吴作人表示了歉意并承诺擦洗掉所有标语。这场风波虽然收场了,但是两方面的斗争愈发的激烈起来。不几日,徐悲鸿开除了三位不合格的教授,双方更是剑拔弩张,情况一发不可收拾。就在此时,吴作人收到了上海英国文化委员会的信函,邀请他赴英访问讲学三个月。吴作人持信去找徐悲鸿,徐悲鸿认为可以利用这个机会避避国民党的风头,建议吴作人应邀前往。在北平,徐悲鸿交往广泛,时任北平行辕主任的李宗仁是他的好朋友,守备司令傅作义也和他有交情,而吴作人则无更深的社会背景,不如暂去欧洲一行。同时徐悲鸿交给吴作人四项任务:为学校图书馆购买一批美术书籍,特别是规格为 18×24 英寸的马奈和德加的精致印刷品;在卢浮宫临摹德拉克洛瓦所绘的《但丁的渡舟》;从巴黎邀请雕塑家滑田友回国任教;回国经过上海时到中华书局找舒新城经理带回《八十七神仙卷》。徐悲鸿交代的四项任务吴作人完成了三项,《但丁的渡舟》因卢浮宫修缮没有展出,故而无法临摹。

由上可见,接管北平艺专以后吴作人的日常生活十分繁忙,除了教书还有各种管理方面的难题。其实不只是吴作人,其他的老师和教授也是这样，白天根本无暇作画。当时吴作人租住在洋溢胡同，家中有个能容纳十数人的大厅，他便以此为基地，举办了洋溢胡同晚画会。参加这个晚画会的除了吴作人，还有艾中信、李宗津、冯法祀、董希文、孙宗慰、戴泽等，他们大都接受过西方艺术教育，所以晚画会的形式类似欧洲沙龙，而作画以速写为主，要求参与者在很短的时间内描绘出模特儿的体态。这个晚画会不但提高了与会者的业务能力，同时也加深了大家的感情，为北平艺专的教师团队建设贡献了非常大的力量。

与此同时，萧淑芳回到北平为父亲庆贺七十大寿，吴作人与萧淑芳再次见面，感情急剧升温。在此期间，萧淑芳经常参加在吴作人寓所举办的晚画会，由于参加晚画会的都是当时的画界高手，萧淑芳忽然感觉上天在打开她爱情之门的同时，又向她打开了事业之窗，她自此开始专心研画，并将此作为终生的追求。在萧淑芳父亲的宅院中，吴作人以萧淑芳为模特，画下了代表作《萧淑芳像》。此作色调醇和，萧淑芳身着鹅黄色高领毛衣，上别红宝石项章，面带微笑，雍容祥和，与淡黄色的底色相称，更显得温暖如春，幸福恬静。画家

1946 年，速写晚画会

1946 年，与萧淑芳合影

《萧淑芳像》 1946 年

和模特对此作都十分满意，后来这幅画长期挂在萧淑芳的卧室，除了"文革"期间，几乎就没有摘下来过。

在接管北平艺专后，徐悲鸿及其团队面临着巨大的挑战，除了艺术观不同，意识形态和当时的南京政府也存在很大的分歧。徐悲鸿到了北平艺专就停聘了原来曾经为日伪政权效力的人员，其中还包括他认为学术能力达不到要求的教师。国民党当局立即向徐悲鸿施加压力，最后徐悲鸿只得同意将三位教员聘为兼职教授，不占学校编制。曾经在法国留学的绘画教授曾某某，因教学能力差也收到了徐悲鸿的解职通知，为此徐悲鸿收到了中央组织部部长陈立夫、教育部部长朱家骅以及中统局头面人物的信函，以此人在抗战期间保护地下电台有功为理由，要求徐悲鸿续聘，但是徐悲鸿表示坚决不用误人子弟的教员。一来二去，双方频生嫌隙，训导处以助学金为导火索向徐悲鸿团队寻衅，虽说是"倒吴"，但是其目的明显是对准徐悲鸿。为了缓和矛盾，保护吴作人的安全，又恰逢英国文化委员会邀请吴作人赴欧讲学，徐悲鸿建议吴作人接受邀请，暂时离开北平艺专。吴作人离开后，意识形态之争告一段落，直到半年后，北平艺专老师冯法祀等人率领学生参加"5·20"反饥饿、反内战、反迫害活动，政治风波进入了第二个阶段。

欧洲巡展

1947 年春天，吴作人乘轮船自上海出发到香港，然后坐水上飞机经过五天抵达伦敦，开始为期三个月的访问和讲学。

到了伦敦之后，英国有关方面要求看作品，吴作人就将自己在西行写生的作品拿给主办方过目。孰知过了几日，主办方表示他们平素只是邀请各国的知名学者来英国讲学和参观，并无主办展览之义务，婉言拒绝为吴作人举办展览。吴作人一开始感觉很诧异，当初在上海与英国文化委员会说得非常清楚，怎么现在会有如此的局面呢。仔细往深处一想便恍然大悟，原来是作品的题材问题。18 世纪，印度已成为英国的殖民地，印度与中国西藏接壤，因而英国竭力想把西藏和印度连成一片，接受它的殖民统治。基于这样的图谋，在抗日战争时期，英国不顾抗日和世界反法西斯战争的大局，竭力阻挠中国修筑中印公路，阻止中国官员入藏，企图非法侵占中国西藏领土。现在一个中国画家在英国首都伦敦展览青藏题材的作品，无异于在宣示主权，如果再由官方主办，这几乎等同于打自己的脸。想通了这层关系，吴作人更加坚定了举办展览的决心，既然官方不出面，那么就自己找关系，通过民间的方式做好展览。

吴作人找到了中央大学的同学张安治，请他帮忙。张安治自1945 年始在英国读书，对伦敦已经非常熟悉了。他建议吴作人去找中国学会，看看他们是否能够施以援手。中国学会是一个以爱国华侨和对中国友好的英国人士所组成的民间组织，在伦敦当地具有较

1947 年，在英国举办画展时与大使等人合影

1947 年，向大使郑天锡介绍作品《青海市场》

大的知名度和社会影响。学会对吴作人所提出的展览设想非常支持，尽力帮助他筹办了画展。1947 年 5 月 6 日至 24 日，吴作人画展在伦敦戈登广场 16 号中国学会的大厅里隆重举办，展出的作品包括油画《打箭炉少女》《祭青海》《藏女负水》《甘孜雪山》和水彩《牧场之雪》《雅砻江上牛皮船》，还有吴作人在敦煌石窟所临摹的壁画稿等共 83 幅作品。展览开幕之日，驻英大使郑天锡亲临展览现场祝吴作人画展成功。

本次展览的目录前言为中英文化协会代表陈源所写，文中曰：

著名中国画家吴作人教授应英国文化委员会邀请，前来英伦三岛访问。他于先后在上海、南京、巴黎和布鲁塞尔学习西画之后，于一九三五年至一九四三年应聘为中央大学西画教授。抗战期间，他曾奔赴前线进行战地写生，旋后长期深入中国西北边陲省份，穿行西藏高原旅行作画。他以西方和中国传统风格绘制了众多以往很少为画家所涉猎的多种题材的风情人物等画作。在甘肃期间，他用大量的时间与精力研究和临摹了敦煌石窟的唐代壁画，其重大影响于他以后的画作中明显可见。现在他是北平艺术专科学校的教授和北平美术作家协会理事长。鉴于吴先生此行乘飞机旅行，故只携带了少部分之精选画作及速写展出。

在画展开幕之际，吴作人还向英国文化委员会递送了请柬，化被动为主动。展览虽然没有官方的宣传，但是因为展品高度的艺术性依然获得了极佳的口碑。一些英国的艺术家，如英国皇家美术学院院长威廉士、著名画家斯坦利·斯宾塞等都参观了这次展览。英国文化委员会接待主任哈丁给吴作人留言道："昨天看到了您的画展我是何等的高兴，等到画廊不再那么拥挤的时候，我还要再参观一次。"可见

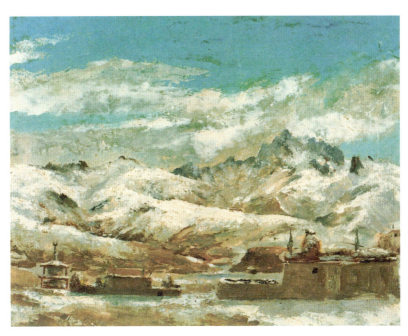

《甘孜雪山》1944 年

1947 年，在巴黎的个展留念

1947 年，在滑田友的工作室合影

艺术的语言真是全世界共通的啊。

5 月底，吴作人离开英国来到瑞士，在那里老朋友郭有守接待了他，并为他和潘玉良等中国艺术家在瑞士日内瓦举办了为期三周的中国画展。

9 月，吴作人在戛列埃拉博物馆举办了他在巴黎的第一次个人展览，展览由当时的巴黎东方博物馆副馆长叶里夫亲自策划。叶里夫曾任法国驻中国使馆的文化参赞，是吴作人的故交。此次画展共展出吴作人画作 72 幅，开幕时巴黎市长与文化部官员亲自出席，轰动一时。展览结束后，《藏茶传》手卷被巴黎东方博物馆收藏，水墨画《奔马》和淡彩写生《藏女》等作品则被卢芹斋等巴黎藏家所收藏。

11 月底，吴作人从巴黎回到了伦敦，在英国又住了三个星期之后，吴作人乘轮船经香港等地回到了上海。根据老师的嘱托，吴作人在上海取回了徐悲鸿寄存在朋友家的《八十七神仙卷》。由上海乘船回到天津的途中，吴作人经历了一场海上风暴，据他回忆，风浪大到船尾的螺旋桨翘起到海面上空转。好在吉人自有天相，吴作人安全抵达了天津港。

吴作人的旅欧行程可谓波澜不惊，但同一时期北平艺专面对的简直是惊涛骇浪。北平艺专国画组教授秦仲文、李智超、陈缘督因不满徐悲鸿的艺术主张表示停止教书授课，北平美术会对三位教授此举表示支持，由此引发了传统美术界与致力于改良中国画的徐悲鸿系的对立，双方在报纸上连番笔战，辩论不休。

1947年3月，北平艺专师生汇报展在北平举行，共有300幅左右作品参展。北平艺专的教授艾中信曾著文表示："很轰动了一时，但是这还不是一个理想中的展览……所以徐悲鸿先生虽来到北平快两年，但是他领导的美术运动，到目前还没有展开过一回全面的表白，来替他的艺术理想，尤其是复兴中国画的主张作一个具体的说明。"为什么1947年3月的展览不足以表现徐悲鸿的艺术主张呢？艾中信又说："最主要的原因，是作家和作品分散各地，一时不能集中，只能慢慢等候时机成熟。"艾中信所要等候的作家是三个人，即李桦、叶浅予和吴作人。等到各路人马全部到齐的时候，就是徐悲鸿系面向社会展示对中国画改良的成果的时候了。1948年3月，吴作人回到了北平。5月，北平美术作家协会、中国美术学院、北平艺专举办了联合画展，在社会上取得了极大成功，徐氏团队在北京的根基越扎越牢靠。

此外，1947年夏天，萧淑芳正式与余新恩在上海离婚，之后她带着女儿回到了北平。8月，萧淑芳被徐悲鸿聘请为北平艺专绘画系兼职副教授，同时参加了北平美术作家协会。吴作人从欧洲载誉回到北平的时候，他的爱情之果也快要成熟了。

百年好合

　　从欧洲回来不久，吴作人又接到了一份来自联合国教科文组织的邀请信，希望他以中国官方代表的身份参加联合国美术组，常驻设在巴黎的联合国教科文组织总部。这份邀请从另一个角度证明了

《金鱼》1948 年

《阿拉伯沙漠》1948 年

吴作人旅欧巡展的成功，而且常驻巴黎的机会对于艺术家来说具有无穷的吸引力，毕竟那里才是世界的艺术中心啊。吴作人静下心来仔细思考，最后决定婉言谢绝这份邀请。吴作人拒绝的原因有三：第一，北平艺专的风波不断，老师徐悲鸿需要自己加强他的学术和管理团队，就像以前那样成为他的左膀右臂。第二，去巴黎需要背负官方的身份，成为

国民政府在联合国的一名代表。吴作人从来对政治不感兴趣，没有政治诉求和野心，而且当时国民政府的腐败统治，吴作人从心里无法接受。第三，他与萧淑芳的婚事在即，不想匆匆忙忙的打乱自己的节奏。

第二天吴作人将自己的决定告诉了徐悲鸿，老师听了之后非常高兴，毕竟这份邀请是如此的令人神往，能够主动拒绝的人实在太少了。吴作人愿意放弃个人利益而与徐悲鸿一同经营北平艺专，如果不是有相同的艺术理想，是不可能做出如此选择的。

1948 年 5 月，北平艺专全班人马到齐，师生联合画展在中山公园举办，吴作人的《古堡与坟场》《史前巨石阵》《惊马》《兰州郊外》《喇嘛寺跳神》等作品参展。由于展出的作品题材新颖，手法多样，参观展览的人络绎不绝。

好事成双，联合画展结束之后，吴作人与萧淑芳于 6 月 5 日在水磨胡同 49 号萧家老宅举行了婚礼，正式成为夫妻。晚上，夫妻二人在东城外交部街"墨蝶林"西餐馆举行家宴，徐悲鸿作为证婚人出席，并赠《双骥图》给吴作人与萧淑芳作为贺礼。此幅作品中右边一匹黑马奋蹄长驱，左边的枣红马在奔跑中扭头望定黑马，整幅画面于豪爽中又露旖旎

1948 年，吴作人夫妇新婚纪念

第六章 花好月圆

103

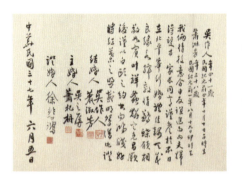

1948年6月5日，吴作人、萧淑芳结婚证书

《双骥图》徐悲鸿 1948年

之态，是一幅不可多得的佳作。徐悲鸿又在画面右下角题款，曰："百年好合休嫌晚，茂实英声相接攀。譬如行程千万里，得看世界最高山。"

萧淑芳自幼家境优渥，因本人具有艺术天赋且父母着意培养，她曾就学于北平艺专学习西画三年，后又赴南京中央大学徐悲鸿工作室旁听，回北平后又拜汪慎生、汤定之、陈少鹿等国画名家为师，并上门向齐白石讨教，结婚后又去英国斯莱德美术学院进修，不过她从未想过以此为职业，对于艺术只是从心底里喜爱。与吴作人结婚之后，萧淑芳的人生轨迹发生了彻底的改变，周围的环境和吴作人的学养使她坚定了以艺术为自己终生追求的目标，通过自己的勤奋，她不但成了

1948 年，吴作人夫妇合影　　　　1948 年，吴作人夫妇在自家院内

一名专业画家，而且还成了美术教育家。但是在家里，她把照顾吴作人列为自己的首要任务，其他的事情一律列为次等，正是这种出于内心深处的感情，才使他们在经营爱情的同时收获了事业的成功。如果没有吴作人，萧淑芳也许不会在美术史上留下芳名，而人间也会失去许多美丽的花朵。

迎接解放

1948 年下半年，随着国民政府军队在战场的大规模溃败，国民政府教育部要求在北平的各大院校做好南迁的准备。

由于政治信仰不同，当时北平艺专的教师们对局势和个人未来的判断都有着很大的分歧。到了年底，由徐悲鸿和吴作人一手组织成立的北平美术作家协会内部也出现了分化，有些人倾向国民党，有些人倾向共产党。这个时候吴作人等几位艺专教师和徐悲鸿商量，不能再用北平美术作家协会的名义举办活动了，于是他们这些倾向共产党的教师另外组织了一个非公开性的组织，由于是在 1948 年 12 月 7 日成

1948 年，北平美术作家协会会员活动合影

立的，所以起名为"一二·七艺术学会"。这个学会成立的目的就是准备留在北平迎接解放，成员有徐悲鸿、吴作人、艾中信等。

12月13日，解放军完成了对北平城的包围，南京政府的"抢救大陆学人计划"开始了，各大院校的院长等有卓越成就的学人被要求撤离北平前往南京，徐悲鸿也收到了两张机票。

为了说服徐悲鸿留在北平，田汉特地进入了北平城。12月的某一天晚上，吴作人接到了徐悲鸿的电话，约他去吃晚饭，吴作人到了徐府发现那里多了一位客人，仔细一看原来是暌别多年的老师田汉。吴作人顿感田汉在这个微妙时刻进城肯定有重要的事情。果不其然，田汉带来了毛泽东主席和周恩来总理的意见，他说："我从解放区来，毛主席和周总理托我带个话：'我们就要来了，徐悲鸿你就不要离开北平了，希望你留在北平，团结北平的一些文艺界和美术界的同志们。'"吴作人知道一个新的世界即将要建立了，在那里他所推崇的普罗艺术的理念将会有更宽广的舞台。在离开徐府之后，田汉又和吴作人一起回到家中，在那里他指示吴作人："要好好照应悲鸿老师留在北平，敌人是千方百计、不择手段地要拉他走的。周恩来、周扬同志都关心着徐先生和你们，团结进步的青年艺术工作者，你们是有力量的。"田汉的这次来访坚定了徐悲鸿和他的团队的信念，最后这个团队的所有骨干力量全部留在了北平，而且经过徐悲鸿的劝说，齐白石也放弃了南下的计划。

1949年4月，中国人民解放军攻克国民政府首都南京，标志着解放战争已经取得了决定性的胜利，一个新的中国即将诞生，一个崭新的时代就要来临。当南京解放的消息传来，北平城内万人空巷，市民争先恐后地涌向街头购买解放南京的号外报纸，吴作人根据此事创作出大幅油画《解放南京号外》。此作画面有近景和远景之分，远景是东单牌楼，为当时北平标志性建筑物（此牌楼在 20 世纪 50 年代末因长安街扩建被拆除），清晰地表明了事件的发生地点；近景是群众在阅读解放南京号外的报纸，围观的群众有男有女，有老有少，有知识分子，也有普通市民，有进城的农民，也有下班的工人，由小见大，其实这个群体就代表着所有的北平市民。有趣的是，那个着红袄抱小孩的妇女，正是以萧淑芳为模特。

7 月 18 日，吴作人在《进步日报·进步艺术周刊》上发表文章《"七七"以来国统区的油画》，文章回顾了自抗战以来油画界的状况，强调了坚持现实主义的观点，最后表示"我们应该和曾与我们被反动统治者隔绝了好多年的解放区的美术工作同志们在一块，去接近工农兵而为他们服务，在毛泽东的旗帜下进行建设新中国的伟大使命

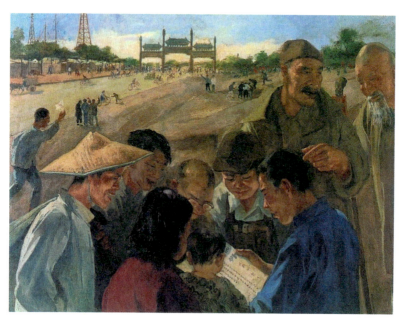

《解放南京号外》1949 年

中，在油画上，贡献我们最大的力量"。很显然，吴作人已经接触了共产党的艺术观并准备以此为准则了。

7月21日，中华全国美术工作者协会在北平中山公园来今雨轩成立，徐悲鸿担任主席，江丰和叶浅予担任副主席，吴作人出任常务委员会委员。

1949年，国立北平艺术专科学校和华北联合革命大学文艺学院美术系合并后更名为

1950年，在中央美术学院成立大会上发言

"国立美术学院"。1950年1月，中央人民政府政务院正式批准"国立美术学院"更名为"中央美术学院"。1950年4月1日，中央美术学院正式成立，徐悲鸿担任院长，吴作人留任教授兼教务长，而萧淑芳也被聘为绘画系副教授。吴作人的人生翻开了新的一页。

徐悲鸿和吴作人所倡导的写实主义和普罗艺术更为符合当时的政策，但是也不完全相同。作为从民国过渡到新中国的知识分子，需要慢慢适应新的艺术和革命观点，更因为他们没有接受过无产阶级教育，不熟悉革命政策，所以只能凭借猜想来尝试自己的艺术思想是否符合新时代的标准。我们还是以《解放南京号外》这幅作品为例，按照著名艺术家和理论家陈丹青的评论，"画面上的人物形象（特别是图右的两位长者）是典型的民国时代的人物形象。在画家笔下，人民的形象塑造没有受到教条的干扰，没有后来的'工农兵'的公式化概念化成分，从而真实地记录了画家当时的内心世界。如果这幅画的创

作时间再拖后几年，可能很难被后来的时政认可并通过，甚至可能会受到批判"。吴作人对于南京的解放和新政府的即将建立虽然有着发自内心的欢畅，但是民国时期知识分子的艺术观依然存在，不过我们可以看到他在积极地尝试改变。自此之后，中国的油画作品风格有了翻天覆地般的变化，吴作人这类富有民国气息的作品再难看到了。《解放南京号外》后于 2007 年 12 月 3 日在北京华辰拍卖公司以 1232 万的价格被泰康人寿公司竞得，现藏于泰康艺术馆。

第七章　良师益友

吴作人是徐悲鸿的真传弟子，是邓拓的知交好友，更是齐白石的艺术知音。在吴作人的作品中，有一幅创作于一九五四年的齐白石肖像画，这幅画是吴作人追求民族风格的代表作之一，也是中国绘画史上具有里程碑性质的肖像画之一。

与徐悲鸿

吴作人与徐悲鸿的交往是近代中国美术史上的一段佳话。

吴作人第一次听到徐悲鸿这个名字时是在他 17 岁的时候，上海的《图画时报》刊载的徐悲鸿的油画作品令吴作人眼前一亮。看惯了水墨画的吴作人觉得心中的一扇窗被打开了，原来画还可以这样画。

再看到徐悲鸿这个名字已经是两年以后了。吴作人得知徐悲鸿将在南国艺术学院授课，所以毅然决然地进入了该校的美术系，哪知徐悲鸿当时只是挂名，并没有真正在那里教书。好在时隔不久徐悲鸿应邀前去南艺做讲座，讲座完毕在检视学生作业之时，他一眼就看中了吴作人的石膏速写，一场风云际会就此展开，徐悲鸿美术教育学派也在此刻奠定了基础。

20 世纪 20 年代的上海滩，吴作人既没有人脉也没有经济实力，有的只是自己对艺术超凡脱俗的感悟力以及一颗发扬普罗艺术的真挚之心。徐悲鸿出于爱才之心对吴作人尽力扶持。在吴作人于上海失学的时候，徐悲鸿帮助他进入南京中央大学艺术系旁听；在吴作人因从事进步活动被中大要求离校的时候，徐悲鸿又帮助他办好了留学手续。

1933 年，徐悲鸿借去比利时办画展之机探望了吴作人，当他看见吴作人在艺术上取得的进步感到异常欣慰。在 20 世纪 30 年代的欧洲，写实主义已经发展到了晚期，年轻艺术家往往被各种表现主义流派所吸引，因为这更加符合年轻人张扬的个性。和世界艺术之都巴黎相比，布鲁塞尔虽然因为地理位置和风土人情等原因导致艺术风潮稍显滞后，但是刻苦学习纯学院派的技术和功法的青年人也在逐渐减少。吴作人之所以能够不受流行的艺术风气所影响，最主要的是因为他明白自己所承担着的责任，就是要把西方油画技术完完全全地掌握，然后再带回中国，这也是徐悲鸿对吴作人的期望。

1935 年吴作人毕业之际，徐悲鸿去信邀请吴作人回国赴中央大学任教，和他一起推行写实主义油画艺术。吴作人欣然应邀，两人在师生的关系上又增加了一层同僚的情分。

20 世纪 30 年代，油画在中国生存的土壤十分贫瘠，主流艺术圈推崇的依旧是"四王"的摹古山水，讲究每一笔都追随古人，和主张以素描为创作基础、写生为创作手段的写实主义艺术观有天壤之别。要在这种环境下走出一条新的道路，徐悲鸿、吴作人等人面临着相当严峻的挑战。

抗战爆发后，徐悲鸿远走新加坡，通过出售作品为抗战筹款，而吴作人则和中央大学的师生一起远走重庆，继续自己的教学生涯。战争时期物资极端匮乏，徐悲鸿一有机会便会委托朋友带些油画颜料支持在重庆的艺术家们，同时，徐悲鸿也关注着吴作人的生活状况。1939 年 11 月 22 日，徐悲鸿在画讫《放下你的鞭子》后写信给吴作人，除了告知他此作定

1933 年，吴作人夫妇与徐悲鸿夫妇等人合影

价五千新币，如果售出将全部捐献给国家，还一直关心吴作人的红蛋是否已经送出（送红蛋为地方民俗，是向亲朋好友报喜，表示母子平安）。可悯的是吴作人在收到此信之际，正经受着丧妻之痛。

1942年，徐悲鸿自印度归国后利用中英庚子赔款所退回的余款在重庆成立了中国美术学院，吴作人被聘为研究员。之后不久吴作人开始了西行之旅，远赴青康采风，直至1945年秋才返回重庆。1945年12月，吴作人西行画展在重庆举行，因患肾病卧床休息已七个月之久的徐悲鸿亲赴展场，对吴作人的创新作品称誉有加，并撰文发表于《中央日报》，盛赞吴作人"其得天既厚，复勤学不倦，师法正派，能守道不阿，而无所成者，未之有也"。

1946年春，徐悲鸿接过北平艺专校长之位，当即组织自己的团队，力邀吴作人出任教务主任。适逢吴作人自重庆返回上海不久，彼时他一心想成为职业艺术家，又刚刚找到心中理想的爱人，但收到此信后仅一日便做出决定，同意和徐悲鸿北上共创一片新天地。等到了北平之后，由于办学理念与旧势力冲突，吴作人成为众矢之的，徐悲鸿毫不犹豫地建议吴作人远赴欧洲讲学，以免受到无谓的伤害。这种相互尊重和主动为对方着想的情怀，是最真挚的友情。

吴作人在结束欧洲巡展回国时，受徐悲鸿委托去上海取《八十七神仙卷》。要知《八十七神仙卷》是钤有"悲鸿生命"的徐悲鸿最珍视的作品，由此也可以看出双方深厚的信任感。

1950年，中央美术学院正式成立，徐悲鸿任院长，吴作人任教务长和油画系教授。1953年9月，徐悲鸿于北京去世。吴作人继承和发扬徐悲鸿的教育理念，尤其对写实主义的教学方法更是倾力坚守，这种行为已经超出个人感情，而是源于双方对事业的高度认同。徐悲鸿、吴作人所处的时代，中国正饱受外国之欺侮，作为有良知和责任感的艺术家，徐悲鸿、吴作人自始至终都以复兴中国美术为使命，力图用写实主义改造长期以来以临摹的方式进行传授、以写意的格调作为追求的中国传统艺术的审美观念和创作方法。其主要的理念有三点，一是在艺术思想上强调艺术为社会、为人生，而不只是为了艺术而艺术；二是针对中国画人物刻画能力比较弱的问题，引进西方的写实造型方法，特别

第七章 良师益友

1948 年，在徐悲鸿寓所前的合影

1949 年，到徐悲鸿家拜年

强调素描的重要性；三是根据中国画长期以临摹为学习方法的问题，提出了直接师法造化的方法。

徐悲鸿和吴作人的这种艺术改造方式，完全出于自己的赤诚之心，近现代的中国历史也证明了他们以美术作为报国工具的正确性。例如抗日战争时期，作为画家，用画笔描绘出战争的场景以及战士的不屈来激励人民大众（例如吴作人），或者以作品换来真金白银然后捐献给国家（例如徐悲鸿），都是用美术来报国。1949 年以后，写实主义因为和革命现实主义高度吻合，从而获得了绝对性的主导地位，影响至今。

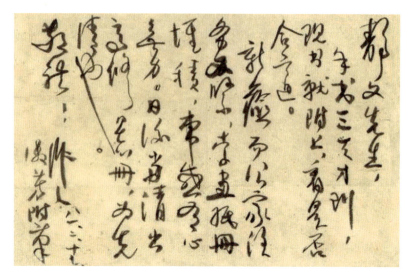

1981年，吴作人致廖静文函

徐悲鸿去世以后，吴作人出任了徐悲鸿纪念馆第一任馆长，并先后撰写了八篇纪念文章以示对徐悲鸿的怀念。刊登在1983年9月26日《人民日报》的《中国画改革的先驱者徐悲鸿》中，吴作人写道："徐悲鸿的艺术成就是杰出的，他是赢得了世界声誉的艺术大师，并为宣扬祖国文化做出了重大贡献。同时，徐悲鸿又是一位卓越的美术教育家。他曾多次讲过，美术教育是他第一位的工作，创作活动只居第二位。他之所以要把教学工作放在第一位，是因为他痛感当时中国美术的颓败，深知复兴美术事业是整个民族的事业，需要有一代接一代的人去努力，不是靠一个人画几张画就能发扬光大起来的。"这不仅仅是徐悲鸿的心愿，也是他们这一代美术教育家共同的认知。

吴作人对老师的遗孀廖静文也如对老师一般的尊敬。1981年8月吴作人曾写信给廖静文，信中曰："手书三天才到，现书就附上，看是否合适。新愈而公家任务又紧，索画纸册堆积，常感有心无力。日后当清出高修同志册，为先请也。"显然，对于老师家人所托的事务，吴作人会放在最优先的位置进行处理，虽然这只是日常生活中的一件小事，但不难看出其中包含着对老师的深情厚谊。

与邓拓

从 1948 年起吴作人就居住在水磨胡同，与古观象台为邻，为此他特意刻一方闲章"古观象台下画室"。某日身为北京市委书记的邓拓在吴作人的作品上见到这方闲章，感觉十分有趣，于是便生出了探访这位居住在古观象台下的画家的念头。

1962 年 3 月的一天，邓拓约吴作人共游古观象台，之后吴作人请邓拓回自己家休息。在书房，邓拓见吴作人的书桌上有一只日本山马笔，不禁一时技痒，在得到主人的许可后，在洁白的宣纸上酣畅淋漓地写下了一首诗："北国飞霜雪，群芳凋谢时。奇花称一品，热血感三仪。烈火红心壮，东风大地吹。寒冬看已尽，春到万年枝。"这首诗名为《万年红》，是 1961 年刊登在《北京晚报》诗画配栏目中邓拓为吴作人作品《万年红》所题写的诗句。

《万年红》1959 年

这次虽然是邓拓与吴作人的第一次见面，但是双方早已相互闻名久矣。早在 1954 年，身为北京市宣传部部长的邓拓就对吴作人所策划的"十张纸斋晚画会"大力支持。

　　1961 年吴作人的中国画改良初见成效，一些作品也开始在报纸杂志上发表。自 1961 年 4 月至 1962 年 3 月，邓拓曾为吴作人画作题诗七首（《邓拓全集》，花城出版社，2002 年），分别为：

漠上

塞外霜天阔，边疆古道长。

当年荒漠地，今日水云乡。

毡帐开新宅，驼峰动牧场。

艰难凭负重，瀚海亦康庄。

（1961 年 4 月）

万年红

北国飞霜雪，群芳凋谢时。

奇花称一品，热血感三仪。

烈火红心壮，东风大地吹。

寒冬看已尽，春到万年枝。

（1961 年 4 月）

奔犇

生来奔走万山中，踏尽崎岖路自通。

穷白何堪嗟故国，好凭跃进继雄风。

（1961 年 4 月）

藏春

奴隶翻身日，高原大有年。

牦牛犹解语，春雨早耕田。

畴昔超生梦，今朝自在仙。

东风吹梵土，草色欲连天。

（1961 年 4 月）

咏鸽

战地传书忆旧时，羞衔橄榄剩空枝。

云山比翼双飞梦，生死同心一念痴。

历尽世途知苦乐，炼成火眼识安危。

倘来风雨漫天起，奋翅关河任所之。

（1961 年 4 月）

《藏春》1961 年

看吴作人等东北采风画展

画外无穷意，白山黑水长。

昔年边塞地，今日稻粮仓。

跃进经三载，红旗举八荒。

热情调彩笔，点染好风光。

（1961 年冬）

秋波媚
—— 题吴作人同志绘黑天鹅图

雍容闲雅泛涟漪，红啄黑绒衣。

几声密叫，两丛新苇，未解双飞。

连天冰雪离乡土，何幸到京师？

春风吹梦，湖波送暖，唯我先知。

（1962 年 3 月）

1963 年初春，邓拓去探望因冠心病在家休养的吴作人，并对他表示："以后有便走过你这里，就来看看你，也不事先通知了。希望'不拘形迹'。"吴作人将自己最新创作的水墨画《漠上图》相赠。邓拓回家后，将《漠上图》裱成长卷，并题长跋，此跋曰：

玉门关外古战场，瀚海风沙道路长。残峰废垒余陈迹，千里荒原塞草黄。一从己丑欣解放，漠上顿成幸福乡。政府投资几百亿，发展农牧又工商。碛地运输何所赖，端赖鸣驼任重代携囊。双峰高耸多负重，货物如山车斗量。曲颈微伸八九尺，铜铃在项响叮当。通体紫毛好容色，轩然大步列成行。奔走砂岗与浅水，身随起伏而低昂。大漠流沙如沧海，无边波浪对茫茫。自昔沙陀苦征战，调兵遣将动四方。金戈

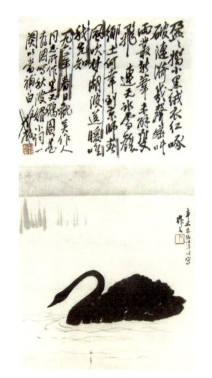

《黑天鹅》1961年

铁甲悬绝地，五更鼓角声悲凉。东驰西骋突围去，凌霜踏雪冒刀枪。或逢炎天鼻出火，缺粮连日断壶浆；或遇绵绵久阴雨，周身湿热窦生疮。陇西明驼今有幸，天苑银河任徜徉。敦煌西域三十站，毡帐新开饲养房。朝行暮宿不觉苦，朝朝暮暮历康庄。屈脚漏明驼本性，立地便知水潜藏。更以长鸣报风候，埋口沙中自提防。识途多智如老马，老马安能比顽强。艰难服役无少懈，窦驼自古受称扬。穆传牿牛本草封牛皆美号，足见此牛品质优异不寻常。窃谓古人命名有所据，改名驼牛亦何妨。我赞驼牛德，念念不能忘。特向作人同志求此画，留之秘笈时相望。作人虽抱病，笔墨倍生光。立意造型与结构，贯通国画融西洋。继承传统兼新创，线条渲染柔中刚。尤爱画漠上，景色莽苍苍。归来每展卷，喜极辄若狂。爱写俚词卅三韵，聊表区区一片热心肠。

此后邓拓与吴作人交往渐多，邓拓每收到得意的古画佳作，都会请吴作人到家中欣赏。1963年，邓拓自吴佩孚的秘书白坚夫手中购得苏东坡画作《潇湘怪石图》，也曾请吴作人到家中一起欣赏，同时做学术探讨。

1964 年 2 月，吴作人受邀参加了一个由邓拓组织的报告会，会开到一半，吴作人因身体不适中途退场。过了两天，邓拓到吴

《放心》邓拓 1964 年

作人家中探病，吴作人表示这两年由于病患，长期不能好好工作，辜负了政府的信任，感到对不起党和人民，希望等病情稳定些能够做一些小的工作，完成国家交给的任务。邓拓劝说吴作人应当放开心胸，好好养病，要"放心"才能把病彻底养好。其实邓拓知道吴作人心中的隐痛。吴作人在 1957 年险些被打成右派，虽然 1958 年他被任命为中央美院院长，但是并不能真正意义上主持工作，此外还被视为"反动学术权威"，认为他推行"资产阶级的艺术观"。在那样的环境下吴作人怎么可能过得舒心。与此同时，社会上有些人专门在画作上做文章，打击异己制造事端，这让已经身有"污点"的吴作人心惊胆战。邓拓理解吴作人，知道过往的政治斗争已使吴作人成为惊弓之鸟，于是第二天送来手书"放心"两字，希望吴作人能够放下心中的包袱，养好身体。吴作人接到这张条幅，心中感到非常温暖，身体也逐渐有了好转的趋势。

孰知好景不长，"左倾"风暴愈演愈烈，1965 年 11 月 10 日，上海《文汇报》登载了姚文元的《评新编历史剧"海瑞罢官"》，对知识界、政界震动很大。《北京日报》在邓拓的指令下拒绝转载这篇文章，这件事为邓拓埋下了杀身之祸。1966 年 4 月，吴作人在西山疗养院养病，某日他接到家里的电话，告知他邓拓已将借走的《董其昌草书卷》归还，吴作人感觉有些诧异，因为邓拓非常喜欢那幅手卷，

甚至还写了长跋。一个月过后，邓拓被诬陷为"三家村反党集团"首领，遭到"全党共诛之全民共讨之"，自尽于家中。想来当时已有风声，所以邓拓早便开始处理友人的物品，免得他们被牵连。可惜邓拓的努力并没有让吴作人逃过劫难，很快他就因"三家村事件"饱受批斗之辱。

在"文革"期间某日，吴作人忽然被美院革委会叫到办公室，革委会主任要求吴作人重画他之前曾经送给邓拓的手卷《漠上图》。《漠上图》原作应已被邓拓焚毁以免牵连吴作人，但是有造反派举报邓拓有此一件画作为吴作人所绘，所以革委会要求吴作人照原样再画一遍以作为他反党的罪证。那时吴作人早已被勒令停止作画，有此机会极为珍惜，他竭尽心力重新绘制了《漠上图》，这是他与邓拓友情的最好见证。

与齐白石

吴作人与齐白石第一次见面是在 1946 年年末，那时他陪着徐悲鸿一起去齐宅拜访，希望齐老先生再次任教于北平艺专。

徐悲鸿自 20 世纪 20 年代起就极其推崇齐白石的艺术，认为他的画纯粹而凝练。徐悲鸿曾著文《中国今日之名画家》，其中言道："齐白石之长处，在有色彩，一往直前，无所顾忌，惟多红而少绿，或其性格所尚，写昆虫突过古人，其虾、蟹、雏鸡、芭蕉，以墨写者，俱体物精微，纯然独创。"

齐白石深悟"太似则媚俗，不似则欺世"之要点，以天真率直的观点看待艺术，所以他能够抓住人和自然的关系，给民国时期因循守旧的中国画坛带来了一股清流。

吴作人对于齐白石的艺术不但喜爱而且佩服。1947年，吴作人着手为齐白石画了第一张肖像油画。画中的齐白石光头没有戴帽，戴一副圆边镜片，身着藏青长袍，神情凝重似陷入沉思，仿佛

1946 年，在齐白石寓所门口与齐白石、徐悲鸿、李桦的合影

《齐白石像》 1947 年

在考虑如何进行下一幅创作，一位饱经风霜的老画家的形象跃然纸上。齐白石非常喜欢这幅画，将它悬于画室书柜之上，与自己天天为伴。

在吴作人为齐白石作写生的那段时间，有一次萧淑芳带着一盒特意从宝兰斋买来的糕点前去探望。十几年前萧淑芳在学习中国画的时候曾向齐白石请教过笔墨之道，齐白石在萧淑芳的一幅写意作品《香清》上亲自题写"笔清墨润，殊可观也"作为对她画艺的认同。齐白石收到点心，却对点心盒外面的包装纸大感兴趣，萧淑芳连忙解释这是吴作人画废的一张国画。原来彼时吴作人已经开始尝试进行中国画的创作，每日在家习练。齐白石对这张废画的用笔赞叹不止，认为其中颇有真趣。当萧淑芳将此事告知吴作人的时候，吴作人感到非常振奋，他对自己的改良中国画更加有信心了。

1949 年北平解放之前，齐白石颇有离开的意思，因为他错信传言，认为共产党以后不允许他卖画，这样他就会断了生计。这时徐悲鸿亲自出来辟谣，告诉齐白石共产党没有不许卖画的规定，为了打消老人的疑念，徐悲鸿还建议他的学生们主动向齐白石买画。吴作人在自己购买之余，还经常介绍他的朋友们来买齐白石的作品。例如他帮助季羡林购买齐白石的作品，一次性就直接购入五张。还有吕霞光，吴作人曾帮他在齐白石处订购一套 50 幅的册页。齐老先生作为一个职业画家，凭自己本领赚钱养家，只要有人来买画就会感觉非常高兴，而且是多多益善。

1953 年齐白石当选中国美术家协会主席，愈发显得老当益壮，精神矍铄。吴作人为齐老先生取得的成就深感欢欣，心中再起为老先生造像之念。原来吴作人对自己在 1947 年为齐白石所画的写生油画不太满意，认为没有完全体现出自己的艺术思想，而现今齐老先生已经年过九旬却依然身康体健，一派宗师气度，于是希望能再为他作一幅肖像油画，齐白石欣然同意。

1954 年初冬的一天，齐老先生来到了吴作人在水磨胡同的居所。吴作人在画室中光线最好的地方摆好了沙发，然后将自己所珍藏的金钱豹皮铺在沙发上用以陪衬这位国画大师。齐白石当时已经 91 岁，又没有太多做模特的经验，坐了一会儿便自沉沉睡去，好

齐白石为吴作人所治名章和闲章

在吴作人有当年在法国锤炼出来的快速写生的本领，很快就将老人的面部神态勾勒出来了。第二天吴作人再请齐白石做第二次写生，这次他专门勾画了老人的手部特征。这样只用两个半天，画作的底稿已经基本打好了。鉴于老人的身体状况不宜日日出行，吴作人请夫人萧淑芳身着长袍再垫入枕头代作模特。1954年年底，《齐白石像》这幅载入史册的画作终于完成。画中齐白石身着藏青色长袍端坐在豹皮沙发椅中，渊渟岳峙，庄严肃穆，双目微合直视前方，仿佛已经看穿世间万物，一派宗师巨匠卓尔不凡的气度。他的右手在后，作持毛笔状，这是老人多年的职业习惯，而在前方的左手虽遍布皱纹却显得苍劲有力，给人一种沉稳而浑厚的感觉，让人感觉这双手定然能够创造出无数的奇迹。

吴作人在创作这幅油画作品时融入了中国画的表现手法，体现了具有民族气派的个人风格。油画家艾中信评论说：

在构图的规律中，绘画布局的根本法则是黑白的总体设计，这是中西共通的原则，而中国的水墨画最讲究大块黑白的布局处理，因为在水墨画上，色彩一般不占重要的位置。基本上以素描为手段的版画、插图则讲究黑、白、灰，现在的油画也很注意这个三大调的装饰效果。吴作人在水墨画上新手"知白守黑"的远离，在油画上也运用的很得体。齐白石头上的那顶乌绒软帽，它覆在老人的脑门上，产生恬适之感，他和多少有点夸张的宽袍大袖配合起来，是纯属中国型的。同时，大块的黑色、青色，给画面压上了一定的分量，用来衬托明晰的脸色，这是"知白守黑"在油画上的妙用，和背景的灰色调恰好形成稳重而又空灵的素描总体结构。这幅画采用平光，不强调明暗对比，减

《齐白石像》 1954 年

弱阴影，但未尝违背写实的明暗法，这也是从"知白守黑"的基本原则出发的变化运用。

在勾画齐白石的银髯时，吴作人特意选用了破笔在画面上皴擦，以营造胡须疏落有致的感觉，在油画中给人以国画的感觉。而齐白石的眉毛又是在铺好的底色上用秃笔"拨"出来的，这种笔法是经过多次思考和实验才能概括和总结出来的，说明吴作人在油画民族化的过程中又迈进了一大步。遗憾的是吴作人的油画民族化的道路没有能够走得更深更远，因为当时的政治环境并不鼓励这种纯艺术类的创作，油画应该更多的反映革命胜利或者是工农兵的形象。如果当时吴作人有自由的艺术环境，相信一定会有更精彩的作品留在世间。

第八章 ｜ 艺术新生

一九五五年，吴作人来到三门峡水库工地创作写生，完成了油画《三门峡之中流砥柱》，画中古老的黄河充满了令人敬畏的无穷力量。除了三门峡水库，吴作人还曾前往佛子岭水库、炳灵寺石窟等，留下了大量脍炙人口的作品。

考察石窟寺

　　早在 20 世纪 40 年代吴作人就曾单身探访过敦煌莫高窟，那座中国古代艺术的宝库给了吴作人太多的惊喜和震撼，他也从那里汲取了丰厚的营养，可是他在洞窟中仅仅一个星期就因水土不服导致双腿浮肿而被迫停止工作，这在吴作人心中多多少少是个遗憾。1952 年，由文化部社会文化事业管理局组织了炳灵寺石窟艺术考察团，意在对甘肃省炳灵寺进行详细的勘察以便制订保护石窟的计划，赵望云被任命为考察团团长，吴作人、常书鸿被任命为考察团副团长，考察团团员包括李可染、李瑞年、段文杰、萧淑芳、张仃、夏同光等共 14 人。

　　炳灵寺石窟位于甘肃临夏永靖县西南 35 公里处的小积石山中，距离兰州约 100 公里。炳灵寺创建于西秦，历经北魏、西魏、北周、隋、唐、元、明、清各代扩建，距今已有 1600 多年。炳灵寺最早被称为"唐述窟"，是羌语"鬼窟"之意，后历有龙兴寺、灵岩寺之称。明永乐年后，取藏语"十万佛"之译音，名"炳灵寺"或"冰灵寺"。炳灵寺所在的积

1952 年，炳灵寺艺术考察团合影

石山山岩的地质结构虽然易于开凿雕造，却不耐风化和潮湿。峭壁高处的岩层伸出，形似屋檐，遮挡了不少风雨和暴晒，起到了一定的保护作用，但历经千年的窟龛造像有的褪色、有的风化，很多泥塑的佛像更是残损不全。

炳灵寺已历千年的风霜，非常的残破，所以考察团的生活和工作环境都十分艰苦。由于原有的栈道、飞桥都已毁坏了，许多洞窟都可望而不可即。考察团起初决定要重修栈道、飞桥，但因为时间、材料等原因而作罢，最后决定制造云梯，以便攀爬到位于半山的第二层洞窟。考察团对团员进行了任务分工，赵望云、吴作人等负责全方位的石窟考察工作，而萧淑芳等画家的工作是临摹壁画。

建造好的云梯大约有十数米高，前端有两个直径约 25 厘米的木轮，等到把云梯搭到第二层洞窟，却发现洞窟里已经堆积了差不多一尺厚的鸽子粪，人稍一走动鸽粪以及尘土就扑面而来，只好先请附近的老乡打扫后再进行工作。因为云梯又高又窄，人走在上面就会忽忽悠悠、颤颤巍巍的。在云梯使用的第二天还出了一次事故，由于云梯太重，十几个移动云梯的人出现了配合上的失误，云梯在移动中突然失控倒下，轰然落地摔成了几截。即便如此，考察团的诸位团员依然不畏艰险，纷纷在十几米高的云梯上爬上爬下，以便收集到更多的第一手资料，为保护石窟做出自己的贡献，就连萧

1952 年，吴氏夫妇在炳灵寺石窟

《炳灵寺石窟壁画临摹》 1952 年

淑芳这位考察团唯一的女性也不例外。

吴作人除了需要对洞窟中所藏文物进行鉴定和分析之外，还要写生作画。《永靖石窟群勘察工作现场》就是在炳灵寺石窟现场写生完成的。此作为木板油画，尺寸约 20×29 厘米。画中可见山势高耸，石窟就在半山凿建，想要进入石窟内部必须攀上既细又陡的长梯。此次考察工作的艰险程度不言而喻，但是考察团依然圆满地完成了任务。

考察团初步断定石窟于北魏年间开始建造，在唐代达到巅峰状态，后又在明朝进行过改造，时间跨度超过一千年。他们对炳灵寺石窟进行了细致全面的勘察，包括摄影、临摹、测绘、洞窟内容调查，并首次对石窟下寺区洞窟进行初步编号，共编出 124 个窟龛。这是中华人民共和国成立初期考古工作的一次重大发现。1953 年 10 月，文化部在中国历史博物馆举办了"甘肃省炳灵寺石窟图片展览"，展出了炳灵寺石窟勘察团在考察中临摹的绘画和拍摄的照片共 173 幅。国家文物局后又编辑出版了《炳灵寺考察报告》一书，作为本次考察工

《永靖石窟群勘察工作现场》1952 年

作的一个总结。

　　由于工作出色，吴作人受到了文化部的嘉奖与肯定。在第二年，即 1953 年 7 月，吴作人被任命为麦积山石窟考察团团长，率领团员孙宗慰、李瑞年、王朝闻、戴泽、罗工柳、萧淑芳等人，开始了考察麦积山石窟的工作。

　　麦积山石窟位于甘肃省天水市麦积区，是小陇山中的一座孤峰，高 142 米，因山形酷似麦垛而得名。麦积山石窟始建于后秦，大兴于北魏明元帝、太武帝时期，孝文帝太和元年（477 年）后又有所发展。西魏文帝皇后死后，在这里开凿麦积崖为龛埋葬。北周的保定、天和年间，秦州大都督李允信为亡父建造七佛阁。隋文帝仁寿元年（601 年）在麦积山建塔"敕葬神尼舍利"，后经唐、五代、宋、元、明、清各代不

1953 年，麦积山石窟考察团合影 1953 年，吴氏夫妇在麦积山石窟

断的开凿扩建，遂成为中国著名的石窟群之一。约在唐开元二十二年（734 年），因为发生了强烈的地震，麦积山石窟的崖面中部塌毁，将窟群分为东、西崖两个部分。麦积山石窟在东崖保存有洞窟 54 个，在西崖保存有洞窟 140 个。东崖的石窟以涅槃窟、千佛廊、散花楼和七佛阁等最为精美。西崖则有万佛堂、天堂洞等最有价值的洞窟。

考察团到了麦积山后，在离石窟最近的一座寺庙瑞应寺住下。瑞应寺早已门庭冷落，只有一个和尚看门，平常靠收些香火钱勉强维生。而山上的很多洞窟早已成为鸟兽的栖息场所，连接洞窟之间的栈道也很残破，一副破败景象。

考察团先从东崖着手进行考察工作，吴作人在他的麦积山石窟勘察纪略中写道：

散花楼（距瑞应寺约 500 米）在七佛阁的上端。七佛阁是七间八大柱的崖阁，是全部石窟中规模最大的一个。在离地面 50 多米的悬岩上，凿石成屋檐列柱，柱后又凿石成一列七个佛龛，龛和大柱间组成长廊。天花板是平棋式。从顶间残剩壁画的车马服饰来看，当是西魏（公元 6 世纪）的作品。

七个佛龛的上端壁间，又画着相当完整的七大幅壁画，每幅画着四个伎乐天人，有的在奏鸣乐器，有的捧炉进香，有的手散天花。这一组的壁画，按其风格和每两幅壁画之间的佛像下供养人服饰判断，应该是同属隋或初唐的作品。列龛的壁面上满饰幔帐和天龙八部浮雕。崖阁从天花板到长廊地面是 8.75 米，廊长 31.5 米，廊的两端壁前各立高达 4.5 米以上的天王塑像。天王塑像之上，石龛上端各辟耳龛，里面又有塑像。连同七个佛龛里的造像，共有 70 多件，高度绝大多数都在 2 米以上。这些塑像兼有唐、宋的风格，而又有明代修补和妆彩的痕迹，可见七佛阁从北朝修建之后，曾经隋唐增修，造像是在初唐重塑的基础上，宋代加以修补，明代又修妆过的。

在东崖较低处有第 043 崖阁，也是三间四柱，但内部的结构不一样。廊长有 6.67 米，两端两天王立像都在，中间只有一个龛，在中座佛的背壁上部的装饰是双龙头椅背形的浮雕，椅后两龙女礼佛献珠，露出半身……就阁里的塑像说，是在初唐的塑像上经过各有不同程度的后代修饰。龛内两侧壁还凿有两耳龛，里面却残存着魏代的壁画，从这点可以知道这崖阁建造时代也是很早的。

西崖的石窟群，正像五代人所说的："其间千房万居，缘空蹑虚，登之者不敢四顾"，可见龛窟之多，攀登之险……

西崖东线上最大的洞窟为碑洞（第 133 号），内部高 5.97 米，横宽 14.91 米，最纵深处 11.58 米，是建筑结构复杂特殊的一个窟，窟内复室叠龛，所有壁面都满缀着无数的小影塑贤劫千佛……

在西崖第 165 窟里宋代重塑菩萨和供养人像，应该认为是宋塑中杰出的作品。从早期的造像发展到这个时期，很清楚地看出从神的、理想的逐渐发展到人的、现实的。在塑造的后壁上还保留着残破的背光装饰画、色彩和花纹，以及留在壁间原塑衣带的痕迹，都说明这个洞窟是北魏早期的建造。

勘探这种废弃已久的古代遗迹总是会遇到种种困难。上面所提到的第 165 窟与其他洞窟之间的栈道早已坍塌，栈道的桩眼因风化而荡然无存。想要重新凿出桩眼肯定来不及，这不禁让吴作人有些焦虑。好在甘肃省文物管理委员会有一位叫作岳邦湖的同志，自告奋勇地从上方的 127 洞窟系好绳子，然后缒绳攀爬而下进入第 165 窟。勘察第 165 洞窟的任务终于胜利完成。

勘察团在麦积山工作了一个月后满载着成果回程了，除了进行考

《麦积山石窟群》 1953 年

察工作，吴作人还作了若干幅速写和小型油画。通过这次考察，吴作人认为麦积山石窟是中国艺术史上的一座宝库。他写道：

> 通过这些残存的宝藏，我们依然可以看到古代人民在造型艺术上的光辉成就。他们在创造中反映了当时人民生活的形象。这些作品充满了新鲜活泼、飞跃腾动的美感，他们真正继承了汉晋的优秀的艺术传统，启发了唐宋的更进一步走向现实主义的道路，在中国美术史上展开了光辉的一章。

毋庸讳言，古代石窟艺术对吴作人的艺术思想起到了很大的影响。首先，石窟艺术增强了吴作人对于艺术民族化的信念。其次，唐宋艺术的现实主义观巩固了吴作人写实主义的思想。最后，美妙绝伦的古代石窟艺术开阔了吴作人的眼界，促使他更加坚定地走中西方艺术相结合的道路。

探访新中国建设工地

在经过新中国成立初期的发展之后，国家开始向有计划的经济建设阶段过渡。1953 年是中国进入大规模建设的第一年，同时开始执行国民经济发展的第一个五年计划。作为美术工作者的一员，吴作人也下到工地，用画笔为国家经济建设做出贡献。

佛子岭水库位于淮河支流淠河东源上游，坝址在安徽省霍山县城西南 17 公里处，漫水河、黄尾河径流入库，是新中国成立初期自行设计的具有当时国际先进水平的大型连拱坝水库，佛子岭水电站是淮河流域第一座水电站。佛子岭水库由治淮委员会组建佛子岭水库工程指挥部负责施工。1951 年 10 月 10 日指挥部成立，1952 年 1 月动工，1954 年 11 月建成。

1954 年 5 月，在水库即将完工之际，应佛子岭水库建设处所请，吴作人与萧淑芳同赴安徽淠河的佛子岭水库工地写生。

1954 年 5 月 6 日，吴作人与萧淑芳由北京乘坐火车抵达蚌埠，休息一日后转车前往合肥。9 日早晨，夫妇二人乘坐汽车经 6 个小时的颠簸到达佛子岭水库附近的梁家滩。午饭后二人随接待人员上山，入住佛子岭水库招待所。招待所中设备齐全，还有 24 小时电力供应，十分方便。吴作人远望佛子岭水库工地，只见红旗招展，人声鼎沸，水库开闸放水时声若雷鸣，热火朝天的建设场景不禁激起了吴作人强烈的创作欲望。

10 日上午，吴作人与萧淑芳来到水库宣传部，每人领取来宾证一张，凭证可以自由出入工地并随时作画。下午他们就来到了水库附近的东山山顶，开始作速写。

这个时节的佛子岭水库天气并不太好，经常有雨且还是大雨，吴萧二人很难去工地写生，于是他们提出要为劳动模范作肖像画。水库的管理部门非常高兴，积极为他们介绍劳模。在水库采风期间，他们总共为各个岗位上的劳动模范作画 8 幅，将他们的形象留在了画布之上。

5 月 15 日，来自印度、印尼、缅甸、英国、意大利、希腊、苏丹、锡兰、法国、苏联、越南、朝鲜、蒙古、东德、捷克、罗马尼亚、匈牙利等国的工会代表 80 余人，由全国总工会刘宁一副主席率领来工地参观。为了接待外宾，吴作人夫妇搬出原来所住的宾馆，移居到附近一间潮湿的小木屋中居住，但是他们并无怨言。

在天气比较好的时候，吴作人夫妇便去寻找有利的地势对水库以及工地进行写生，同时搜集各种素材，最终他们选择了西山山顶，因为这里可以鸟瞰水库，视线不受阻碍。当他们兴高采烈地把这件事和水库工作人员分享的时候，却被告知几天前这里发现了豹子出没的痕迹。吴作人夫妇在蚌埠治淮委员会参观的时候见过佛子岭山区豹子的标本，那是一只成年的华南豹，身长在 1.3 米左右，浑身斑斓，虽然标本制作水平比较差，但是豹子凶狠阴鸷的神色丝毫未减。当时是 5 月中旬，正值华南豹的求偶期，这期间豹子尤其凶残，会做出主动攻击人的举动。萧淑芳心中有些惴惴不安，但是吴作人却并不惊惶，毕竟他是孤身深入过青康高原的资深"驴友"，有着丰富的和野生动物打交道的经验，而且西山山顶是个难得的制高点，他可不舍得轻易放弃这么好的观察点。之后几天，夫妇二人依然来到西山山顶写生作画，吴作人根据在这里所作的速写稿，回京后创作出大幅油画《佛子岭水库》。

5月24日，吴作人与萧淑芳结束了佛子岭水库采风之行，结完了308000元的账单，他们原路返回合肥，再经由蚌埠，于5月28日回到了北京。

佛子岭水库一行是吴作人第一次近距离接触新中国的大型建设工地，劳动人民的工作热情深深地触动了他。他也听说工地上经常会出现险情，在水库采风期间就有两位工程兵在脚手架上失足落地致死。对于无产阶级伟大的忘我精神，吴作人感到由衷的敬佩。

1954年下半年，吴作人完成了油画《佛子岭水库》的创作。此作为布面油画，尺寸为89×130厘米，画面主体依然是吴作人比较喜欢的俯瞰视点，有意思的是吴作人没有在画面中表现他所看见的建设场面，而是水库完工后的情景。

《佛子岭水库》（印刷品） 1954 年

建成的连拱坝在画面右边四分之一处，画面的主体则是被拦住的水库湖泊，湖面波光粼粼，两岸青山碧树，建成的水库大坝正在开闸，水汽氤氲直如扑面而来，一片沉静安详之态。历史上的淠河可不像画中所描绘的那样平静，而是一条水患频繁的凶河，一旦雨水稍微过量，洪水就会汹涌而来，这也是佛子岭水库兴建的原因。整个画面的调子轻松明快，和当时所流行的俄罗斯式的灰色调子截然不同，也与吴作人青年时期所学的北欧弗拉芒系的色彩运用不一样，这其实正是吴作人西行之后所致力研究的具有中国民族特色的油画表达方式。《佛子岭水库》这幅作品完成之后便参加了当时的第二届全国美术展览会，之后又被佛子岭水库管理处借走进行长期陈列。可惜"文革"之后这幅作品杳然无踪，不知道是否还存于世上，如果哪位有心人收藏了这幅作品，还请善待之。

1955 年 7 月 30 日，由全国人民代表大会一届二次会议通过了《关于根治黄河三门峡水害和开发黄河水利的综合规划的决议》，修建三门峡工程的决策终于形成。同年 12 月初，吴作人以河南省人民代表的身份，随河南省人大代表团视察黄河水利工程，来到了三门峡大坝工地。

三门峡位于中条山和崤山之间，是黄河中游下段著名的峡谷。三门峡的北面是山西省平陆县，南面是河南省三门峡市。旧时黄河河床中有岩石岛，将黄河水分成三股，北面称为"人门"，中间称为"神门"，南面称为"鬼门"，故此峡称为"三门峡"。三门峡以西是渭河、洛河的汇合处，两水汇合后再向东经过风陵渡入黄河，所以黄河在入河南省后水流急、流量大，经常泛滥成灾。三门峡由于地势险峻，所以河流湍急。可是在黄河的急流当中竟然有一座石峰，犹如一根石柱一样矗立在河流正中，这就是自古以来被认为象征着中华民族不屈不挠精神的中流砥柱石。此根中流砥柱千百年来无论是面对狂风暴雨还是惊涛骇浪都岿然不动，时时刻刻在与黄河的激流战斗，成为一道天下奇观。638年，唐太宗李世民来到此处，曾写下"仰临砥柱，北望龙门；茫茫禹迹，浩浩长春"的诗句，命大臣魏征勒于砥柱之阴。吴作人之前所作的牦牛，也是在歌颂中华民族这种永不屈服的精神。这次能够亲临现场参观，吴作人感到非常激动。

三门峡水库当时尚未开工，依然处于地质勘查阶段。因为三门峡谷属石质峡谷，地质条件优越，且岩石岛结构可以直接作为坝基，有利于大坝施工，所以水利部门将三门峡大坝的坝址选在了此地。吴作人听说了三门峡中流砥柱石的传闻，所以他要做的第一件事就是确定砥柱石的位置，然后用画笔将其永久地留在人间。

吴作人和河南省人大代表团一起乘船自惠兴镇先到史家滩，然后再到三门峡水库工地。在那里，吴作人提出要单独留下一个星期作画，代表团团长同意了他的要求。

根据与地质人员的探讨，吴作人得知黄河左岸的山上有个禹王庙，那里视线开阔，是作画的最佳选择。某日清晨，吴作人背着画夹在史家滩码头乘船至三门峡上游两公里处，然后开始攀山，中午时分终于到达了山顶的禹王庙。吴作人极目四望，蜿蜒澎湃的黄河风光一览无遗，果然皇天不负有心人，不爬到如此的高点，怎么能够领略这种壮观的景象呢。吴作人连忙打开画夹，绘出了一幅幅速写和鸟瞰图。

为了能够从多方面多角度来描绘黄河三门峡，吴作人乘地质工作队的钢缆船渡过鬼门，再坐吊斗经神门赴黄河左岸，有时他也会经过高架钢缆横越寒风凛冽的黄河上空往返两岸。望着那些不畏艰难工作着的工人们，看着他们所从事的改天换地的事业，吴作人不禁愈发

1955年，在黄河三门峡水利工程工地作画

激动起来，他决定要创作一部有关黄河三门峡的三部曲，名字就叫作
"人定胜天"。

回到北京后，吴作人根据在三门峡采风时所得来的素材，完成
了"人定胜天"系列之一《三门峡之中流砥柱》的创作。此作为布
面油画，尺寸是118×150厘米，画面描绘了未经开发的三门峡水
库工程所在地，中流砥柱石位于画面的正中央，蜿蜒咆哮的黄河在
两侧流过，湍流打着旋儿向画面外奔腾而来，气势雄伟而壮观。黄
河两岸的山崖巍然矗立，远处层层山峦连天而起，一派洪荒世界的
苍茫景象，仔细看去却又能发现在岛上、在山崖有勘探作业的工人
们，正是他们在向大自然发起挑战，要通过自己的双手改变这个世
界。在这里，人的渺小和自然的雄伟形成惊心动魄的对比，但恰是
这种对比，显示出向自然挑战的人们的勇敢和伟大，以及他们人定
胜天的决心。吴作人擅用油画刀作画，他的刀法多变老到，使得他

1956 年，创作油画《三门峡之中流砥柱》

的油画语言丰富多彩。在这幅画中，画面近处的急流旋涡以及远处的河水长流，洋洋洒洒都是从刀尖上宣泄出来的。之所以在这些地方用画刀抹出河水的效果，并不是吴作人有意炫技，而是必须如此才能使画面更富有艺术魅力。何况对吴作人来说，非如此不足以表达他的感情。

与当年的《重庆大轰炸》一样，这幅作品也成了历史的见证，让后世的人们了解到曾经有过那么一根石柱，在黄河的急流中战斗了数千年，从不屈服，永不退让。这幅画一经发表就收到了无数的赞美，几经展览和出版之后被中国美术馆永久收藏，成为美术史上的传世之作。之后有一次吴作人和当年同去考察三门峡水库工地的历史学家范文澜见面，谈及三门峡工程，吴作人遂将此作的创作手稿相赠，范文澜欣然接受。事后范文澜特意致信吴作人，信中曰："作人同志：承赐名画一幅，像我这样的外行人也爱不释目，感谢之至。今天，三门峡已开工建设，三门砥柱，不久即成纸上名词，再也不可能见它们。三门砥柱朽了，您的大作却将永远不朽。作不朽事业是最可钦佩的。恭贺恭贺。"

1959 年年底吴作人再访三门峡，彼时大坝工程也进行了大半，鬼门、神门及人门已经不复存在，中流砥柱也难寻踪影，一道大堤

《三门峡之中流砥柱》 1956 年

《三门峡大坝工地》 1959～1960 年

横跨黄河两岸，人力在这个时候战胜了自然。回到北京后，吴作人根据所见创作了"人定胜天"三部曲之二——《三门峡大坝工地》。可惜后来由于身体状况以及其他原因，吴作人并没有完成"人定胜天"三部曲的第三幅。

除了佛子岭水库和三门峡水库，吴作人也去参观过其他新中国建设工地，例如十三陵水库以及宁夏、内蒙古等地的建设工地。如火如荼的建设场景总是令吴作人感动，他也为此留下了大量脍炙人口的作品。

举办"十张纸斋"晚画会

1953 年，因徐悲鸿突然去世，中央美术学院的教师进修活动也停止了。11 月，吴作人接受了油画系教研副组长李宗津的建议，利用自己家的客厅组织了"十张纸斋"晚画会。这个晚画会的主要参与者是吴作人、萧淑芳、王式廓、艾中信、李宗津、董希文、李斛、戴泽等中央美院的老师，有时学校的其他教师和个别学生，如冯法祀、江丰、韦启美、靳之林、孙宗慰、骆拓、黄永玉、靳尚谊等也积极参加。由于晚画会格调高雅、艺术气氛浓郁，也吸引了各地往来的知名艺术家参与。

这个晚画会之所以起名叫作"十张纸斋"，按照女主人萧淑芳的说法是这样的："来这画画的几个人，大都是画油画的。他们有时也就用水墨来练习画人像，说不要看不起我们画油画的就画不出国画来，有了素描基础就什么画都能画，只要不怕糟蹋纸，一定能画出推陈出新的国画来。吴作人还说：'画点成绩给他们（指老国画家）看看，我每次准备它十张纸，画坏一张就换一张，怕糟蹋纸是画不出好画来的……'所谓"十张纸斋"就是这样在笑谈中被命名的。当时我还觉得这种提法挺新鲜的。"按照吴作人的说法："在那阶段，我工作头绪较多，没有时间画画，很不安心，我说三年不画画，手都长锈了。我还说过，社会活动多，没有时间搞本行，教学也教不好，学习也学习不好，画画要逐渐由专业变成业余的了。"显然，很多艺术家苦于没有时间作画，教务工作占用了他们钻研业务的时间。因此，一个高格调的晚画会，既有名师，还有高朋，怎么会不受欢迎呢。

晚画会的模特除了艺术家的亲朋好友以及美院模特外，吴作人还通过他以前的学生、北京日报社美术组的编辑骆拓联系到一批劳动模范和战斗英雄。这一将美术家和工农兵相结合的创举受到了北京市委的高度重视，被视为符合延安文艺座谈会的精神，被给予了高度的肯定。同时，这批以劳模和战斗英雄为模特的作品也发表在《北京日报》的美术专刊上，读者也非常喜欢，有人特意写信至报社称之为"中国的文艺复兴"。

在晚画会上，艺术家们可以一面享用女主人精心准备的茶点，一面静心作画，同时还能交换艺术观点。例如大家会对欧洲诸国及日本的教育体制提出自己的看法，评判作品，讨论油画民族化的问题等等，在这种类似于古代文人雅集的气氛中，大家能够忘却种种繁杂琐事，完全沉浸在艺术的海洋里。同时他们也能够交流切磋，汲取他人所长，不再是独学而无友。

"十张纸斋"的晚画会有三个目的：一是提高写实技术，这无疑是所有参与者的共同目标；二是坚持发扬自己的学术观点，参加"十张纸斋"活动的画家绝大部分直接师从于徐悲鸿或吴作人，他们都是徐悲鸿教育学派艺术观的追随者；三是以西方的写实造型方法改造中国画，这是晚画会主人吴作人当时非常明确的一个艺术追求，虽然并不是参与者共同的愿望。

中华人民共和国成立之后，将向老大哥苏联学习定为国策，这是一场全方位向苏联学习经验的运动，美术界也不例外。自1953年，中央美术学院开始向苏联派遣留学生，同时苏联的美术教材和教育方式也被引进到国内。中央美术学院附中依照苏联的教学模式建立，美院内部的油画系在课程设置、教学安排和教学要求上也开始逐步削弱以徐悲鸿、吴作人为主导的教学模式，增强了苏联美术教学的分量。1955年，苏联专家马克西莫夫的油画训练班在中央美院开办，全国素描教学会议则将"契斯恰科夫素描教学法"定为全国基础教学的统一范本推广，苏联美术的统治地位彻底建立。

通过"十张纸斋"的活动可以看出，在马克西莫夫来华之前，苏式美术教育对中央美院教学制度的影响还是非常有限的。面对苏联教学模式，"十张纸斋"的几位主要参与者，吴作人针对素描练习中的细描慢蹭和自然主义倾向，王式廓针对素描的任务是结构还是认识对象、表现对象，董希文针对低年级是学艺术还是学技术等问题，在油画系的教学讨论会议上明确提出了不同意见。等到了1955年马训班成立之后，由于苏式美术教育制度已占统治地位，这种学术争论的声音越来越弱，"十张纸斋"晚画会的活动频率也越来越低，有的参与者也去了马训班学习，晚画会在这种形势下勉强维持。

溯本求源，"契斯恰科夫"（或者苏联美术）教学体系与徐悲鸿、吴作人的西欧（法国、比利时）艺术体系原本是出于同一系统，都强调素描是一切造型艺术的基础，可是随着艺术的发展，双方在表达方法以及追求等方面开始产生分歧。艺术家靳之林在评论苏联学派和徐、吴西欧学派的区别时认为，徐悲鸿、吴作人这一代留欧艺术家把西方的技法、中国的文化和他们自己的艺术个性融合在一起，再把这样一种艺术、文化、技术的统一体传授给学生，是有利于中国艺术的发展的；而马克西莫夫（苏联学派）作为一个油画的科学家，是代表俄罗斯学派来到中国传授写实技法，自然会和中国原有的教学基础发生冲突。

除了表达和坚持自己的艺术思想之外，吴作人还想借助"十张纸斋"这个平台对自己的艺术创作进行思考和改造，就像当年西行

《看门老王》1946 年

一样，再次进行新的艺术实践。

首先，吴作人开始注重艺术语言的概括性。吴作人在"十张纸斋"上所作的速写头像，分为炭笔速写和水墨速写两种，其手法已接近中国书法和中国传统绘画，从欧洲的重色调、甚至是重结构的传统中开出了一条独特的道路，表现在他后来创作的一些国画肖像（如《列宁像》），与西方重线条的安格尔、荷尔拜因的画法已经拉开了距离。其实验痕迹从洋溢胡同晚画会上所作的《看门老王》和"十张纸斋"晚画会上所作的《三张侧面水墨人像》的对比中可以看出，明暗关系已为线条所替代，笔法简练结构准确，寥寥数笔传情达意。

其次，色彩方面更加注重固有色的表现力。注重保持描绘对象的固有色是中国年画和肖像画的传统，也是中国的欣赏习惯和颜色环境共同作用的结果。表现在吴作人于 1954 年创作的《齐白石像》，与他在欧洲得奖的作品以及早期油画注重环境色和暗部灰调子的处理方法已拉开距离。其实验痕迹可从他于"十张纸斋"所作的八幅油画写生与早期油画作品在环境色和整体块面造型的对比中看出。

同时吴作人进一步加强了对国画的研究，为他晚期国画风格的形成做好了充分准备，完成了个人国画语言的创造。他可以用书法的笔法画出动物的肌体解剖结构，又能保持笔与笔之间的气韵连贯，墨色之间的一气呵成，以及浓淡干湿穿插叠加的微妙关系，尤其还能把油画的透明画法熟练运用到国画一些微妙色彩的使用中，使得他笔下的金鱼似乎半在水底，半得天光，充满了鲜活、雅致而明丽的效果。

《列宁像》20世纪50年代

政治风云变幻，"十张纸斋"晚画会仅仅存活了三个年头就结束了，部分参与者在1957年被打成了"右派"，例如江丰、李宗津、骆拓、冯法祀等，而吴作人也险些被列入"右派"名单。同时，由于"十张纸斋"的艺术观点和主流的苏式教育方式相抵触，逐渐不再为领导们所喜爱，更何况这种几个专业人士定时相聚的集会模式也不为当时的制度认同，所以最终被批判为"裴多菲俱乐部"，成了一个负面典型。

虽然"十张纸斋"晚画会持续时间不长，但是与会者或多或少都从中汲取了营养，例如冯法祀、靳尚谊

《老人像》20世纪50年代

等，他们既了解徐吴学派所注重的艺术家的感觉和作品本身的艺术性，又学到了苏联系统所强调的科学性和研究性，为他们以后成为中国油画界的领军人物奠定了坚实的基础。

随着"十张纸斋"晚画会的结束，加之政治环境的变化及个人

健康原因，吴作人逐渐将精力转向动物中国画的创作，在移情养性之间，延续着"十张纸斋"未竟的国画笔墨试验。而他在油画民族化方面的探索，因为西行的第一次感悟和试验，因为"十张纸斋"的第二次造型和色彩的试验，最终确立了个人的风格，开创了一种以《齐白石像》（1954 年）、《三门峡之中流砥柱》（1956 年）为代表的中国气派的油画，在中国近现代艺术史上留下了里程碑式的作品。

第九章　桃李春风

　　吴作人的油画里有着中国笔墨的写意精神，国画里则融合着严谨的西方造型功力，尤其他的动物中国画，笔墨简单而生动，其艺术探索影响了一代美术人。而除了个人艺术上所获得的成就，吴作人还是一位卓越的美术教育家，可谓桃李满天下。

劫后余生

1966 年 9 月 11 日，吴作人正在吃早餐的时候被几个革命小将叫了出来，小将们要求吴作人交代和邓拓之间的关系。"三家村事件"之后吴作人经常遭受批斗，与邓拓诗配画的问题更是被批判的主题。这次小将的问题除了老生常谈的为什么吴作人的画被邓拓看中配上反党黑诗，还提出了一个角度极为刁钻的问题，那就是为什么吴作人画的牦牛是奔跑的，这里面的政治动机究竟是什么？

饶是吴作人已经饱经责难，这个问题还是让他一阵茫然。定了定心神，吴作人向小将们解释说他之所以画奔跑的牦牛是要想通过这种运动的形态表现勇往直前的精神。小将们正言告之："别以为你的险恶用心革命群众看不出来，你这个勇往直前到底是谁在勇往直前？往哪里去？撞的是谁？"如此险恶的解读让吴作人瞠目结舌，不知所措。

随着"文化大革命"深入开展，吴作人的处境越来越窘迫。就在这次被质问的几天前，吴作人的住宅被抄，他多年珍藏的文物、字画、书籍和器物都被查抄一空。

9 月 13 日，吴作人、李可染、黄永玉三个人被叫到中央美术学院的陈列馆，等待他们的是一场声势浩大的批判。一进入室内，里面的"革命群众"就举起拳头怒声高呼"横扫一切牛鬼蛇神"的口号，吴作人被要求回答五个问题，分别是：你和邓拓是什么关系？你和田汉是什么关系？你一共画过几张蒋介石的画像？你画了些什么黑画？

为什么有一张照片上有重庆卫戍司令部的钢印？虽然吴作人作了如实的回答，在场的革命群众却并不买账，全体齐吼"不老实"。吴作人感到非常委屈，明明说了实话还被痛骂。

随之而来的就是漫无止境的批判，吴作人被当成牛鬼蛇神关入了牛棚，通常每天只有两件事，一件是体力劳动，另一件则是学习各种政治文件和对自己展开批判。有一次他从牛棚回到家，萧淑芳问他有没有被打，吴作人用了一句当时很时兴的口号回答说"革命可不是请客吃饭"。萧淑芳意领神会，不禁黯然神伤。

1967年5月，吴作人被放回家，但是仍需在家写各种各样的交代材料。1968年6月，吴作人被再度关进牛棚隔离审查，直到1969年4月才重获自由。

1970年5月20日，吴作人夫妇随中央美术学院全体教职员工下放至河北省磁县东陈村1584部队农场劳动。当时吴作人患有很严重的心脏病，血压时常高达120／220，但是革命改造一事是最重要的，吴作人必须随行。

在磁县农场除了每天例行的田野劳作之外，吴作人还有一些其他的任务，比如为磁县520钢铁厂绘制机械用图图纸，为公社绘制大型壁画等。1970年9月3日，吴作人为公社起了壁画《天安门》的稿子，画中央是毛泽东头像，下面则是天安门。稿子一天起好，第二天

1971年，在河北磁县东陈村1584部队农场

就上墙了。和吴作人一同绘制壁画的还有王式廓、杜健等 6 人，大家齐心合力只用了 6 天就完工了。可是在完工的第二天，大家忽然发现领袖像上被人抹了一把，这可是一件大事，但经过村里面缜密调查依然没有能把罪魁祸首捉拿归案，自此成了一桩悬案。

考虑到吴作人年老体弱又是位名画家，凡是村里、县里乃至市里有绘画的工作，便会征调他前去，再加上许多负有同情心的美院师生的关心照顾，吴作人在磁县的生活逐渐稳定起来。虽然说扫地耕田并非他心中所愿，但是天下之事岂会尽如人意呢，不随遇而安又能如何？闲暇之日他也会自得其乐采风访古，竟然在驻地附近找到了一座北齐时所建的"兰陵王碑"。有时他也会独自神伤，64 岁的年纪对画家来说正是黄金时期，不能在艺术的道路上继续探索而要在农场蹉跎蹭蹬，确实令人慨叹。

9 月的某日，吴作人见到村北荷塘中的残荷心中有感，特作五言

1972 年，国宾馆画家合影

长诗《村北有荷塘》，诗曰：

> 村北有荷塘，地暖早飘香，田田覆碧漪，潋滟连三里。
>
> 村西有太行，壑底生翠苍，嶙峋矗云外，绵绵万里长。
>
> 山飙落平原，平原风走疾，黄叶下纷纷，墨叶翻飞急。
>
> 莲子熟早收，梗叶劲且立，不自嫌秋老，犹堪任采摘。

此诗乃是吴作人当时的心中写照，自许人与心均未衰老，犹自能勘大任。

老天仿佛听见了吴作人的心声，此诗作成后3个月，即1971年12月23日，吴作人忽然接到紧急调令，要他立即回京，抵京后即日便要去国务院机关事务管理局报到。吴作人怀着忐忑的心情来到管理局，被告知因重要国家宾馆以及驻外使馆的需要，国务院特别组织下放到干校劳动的著名画家回京集中进行创作，吴作人终于又能够拿起真正的画笔了。

另一件让吴作人感到高兴的事情就是萧淑芳也接到了创作组的邀请。萧淑芳因病于1970年11月就回到了北京，待她病愈后就被中央美术学院安排在传达室看大门，由于她工作极为认真负责，中央美院还舍不得放她去创作组。

能够再持画笔，吴作人当然珍惜这个难得的机会。事后他方知这是周恩来总理为了保护艺术家而采取的特别方案。1971年，造反派的势头相对减弱。由于中国需要在外交舞台上扩大自己的影响，所以需要一些真善美的作品来表现中国真正的形象。基于这个原因，一部分卓有成就的艺术大师被调入了直属国务院领导的艺术创作组，为国家级宾馆和中国驻外使领馆进行创作，吴作人出任了创作组的组长的职务。1972年到1973年，吴作人创作了大量的作品，国画有《鹤舞千年》《长驱远蹈》《任重道远》《横空出世》等等，油画有《吴哥朝

《镜泊飞瀑》（印刷品） 1972 年

晖》《贡嘎雪峰》《镜泊飞瀑》等。1972 年尼克松访华，在钓鱼台接待大厅悬挂的就是由吴作人所创作的油画《芍药花》。

　　然而好景不长，1974 年，吴作人与李可染接受了美籍华人记者赵浩生的采访，在采访中聊起了齐白石的艺术。可能是采访的气氛极其融洽，吴作人和李可染两位老人聊得兴起，他们充分肯定了齐白石的变革精神和严谨的画风，以及他在国画艺术发展中的历史地位，并对齐白石朴实、正义的人格美德表示了赞许。此外他们还分别谈论起各自的艺术观，所表达的言论和观点无不与当时盛行的"文革"文艺理论大异其趣。赵浩生后来将此次采访撰写成文，发表于香港杂志《七十年代》的第 12 期。

　　文章甫一发表立刻产生了巨大的影响，"四人帮"集团冲冲大怒，认为这是"资产阶级自由化"和"对无产阶级文化大革命的反攻倒算"，于是一场批黑画的大规模斗争就此展开。1974年2月至4月，由国务院文化组副组长王曼恬亲率人马在外交部和北京饭店的装饰画中挑选了200多幅"有反党反社会主义倾向、否定'文化大革命'、公然进行反攻倒算"的国画作品公开展览，定名为"黑画展"。吴作人的作品《任重道远》赫然在列，批判者说画中两头疲惫垂死的骆驼，是恶毒讽刺

1972年，创作油画《吴哥朝晖》

1973年，创作油画《贡嘎雪峰》

国民经济已经到了崩溃的边缘；还有一种说法认为骆驼走在沙漠中，是在为温都尔汗坠机身亡的林彪唱挽歌。好在毛泽东对"黑画"活动并不太感兴趣，所以此事最终不了了之。

即便如此，吴作人也被王洪文公开点名，与李可染一起在中央美院遭到批判，作品不准展出，不准接待外宾，不准出国，要在家写检讨。为了参加1974年举办的全国美术作品展览，吴作人不顾70岁的高龄与美院的几位教师到大港油田体验生活，几次上下海上钻井平台，最终创作出油画《大海新貌》，这幅作品也被命令不准展出。好在吴作人心胸宽广，人生中的大起大落已经历无数，所以并不以此为忤，安心在家写字画画，调养生息。

1975 年 1 月，吴作人在周恩来总理的关怀下当选为第四届全国人民代表大会代表，但是在会议期间却遭受了被监视的"待遇"。12月，全国"反击右倾翻案风"运动大肆展开，吴作人的历史问题再被提及，他被要求在中央美术学院大会上作检讨，勉勉强强过了关。

1976 年 1 月 8 日周恩来总理去世，吴作人悲恸不已，作诗《向周总理遗体告别》以致哀思，诗曰：

雷惊寒节，星陨东垂；亿民斯恸，举世同悲。

昔聆亲诲，从此长逝；遗容永志，哀思如摧。

生死惟则，勋绩耀辉；照我暮岁，助我奋追。

1976 年 4 月 3 日，吴作人乘公共汽车到天安门广场向周总理致哀并拍照留念。"四五运动"爆发之后，吴作人将所拍的照片包好埋藏在一个花盆之内，生怕再次被抄走，按照他的话，这是要留给子孙

《大海新貌》 1974 年

后代的。好在吴作人的担心最终被证明是多余的，半年后，吴作人面对桌子上已经煮熟的三公一母红彤彤的螃蟹，笑得非常开心。他知道提心吊胆的日子终于成了过去，光明已经到来，天还是亮了。

每当有人问吴作人有关"文革"十年经历的时候，他总会轻描淡写地回答"事情过去了，人过来

1976 年，到天安门广场凭吊周恩来总理

了"。的确，人能够过来就是最大的胜利。当然这也和家庭的支持息息相关，不管在外面遇到如何狂暴的疾风骤雨，只要有家这个避风港的存在，一切总能慢慢将息。原来十几间房的四合院变成十几平方米的两间小屋，萧淑芳依旧把房间布置的井井有条，从满室古色古香的文玩和书籍到领袖半身像和红宝书，从无须担心柴米油盐到亲自洗手做羹汤，但只要心不死，那么总能见得到春天。

美术教育

在艺术达到高峰的同时，吴作人还是一位卓越的美术教育家，可谓桃李满天下，春风遍人间，自 1935 年接受徐悲鸿的邀请任教南京中央大学艺术系，其美术教育生涯长达五十余年。

抗日战争胜利后，吴作人从事教育之心曾经有所动摇，他想成为一个职业艺术家，希望能够有更多的时间来精研画艺。可是在老师徐悲鸿的邀请下，吴作人责无旁贷，当即同意就职北平艺专，继续从事美术教育。

徐悲鸿与吴作人认为北平时下流行的"四王"体系传统艺术与社会发展背道而驰，不仅严重脱离生活，对国家的政治以及民生也起不到任何有益的作用，所以他们要推广科学的写实的西方艺术来代替相对腐朽和衰弱的中国艺术。双方的矛盾愈演愈烈，吴作人一度被迫离职远赴英伦，一年后方回到北平继续教职。最终徐悲鸿团队经过种种努力，在北平站住了脚，扎下了根基。

1949 年中华人民共和国成立，北平艺专更名为中央美术学院，徐悲鸿、吴作人的尝试获得了胜利。因为这种理论不但符合革命的主张，即美术要为政治服务，而且符合大众美术的政策，即美术要为工农兵服务。

1953 年徐悲鸿去世，吴作人继续推进用西方写生的方式作为中国画基础的艺术主张，他曾写过一篇文章专门论及此问题：

关于素描是一切造型艺术的基础的问题，我的看法是应当理解为一切造型艺术都必须有一个严格的基础训练。这一点意见，有一次周总理接见墨西哥画家，我陪同在座，当客人还未到时，周总理问："是否学国画也必须要画素描。"我答："我的理解是，学任何艺术必须要有一个严格的基础锻炼。"周总理表示同意这个看法，接着客人来到，就未接下去谈。

我的看法：素描的科学性不能只停留在透视学、解剖学的知识上，而是辩证地认识形象的主次、阴阳、虚实等的关系。

二，素描是在一个共通的基本原则上，但并不是表现在唯一的形态上，有着重线条表现，有着重层次来表现，有二者兼同。

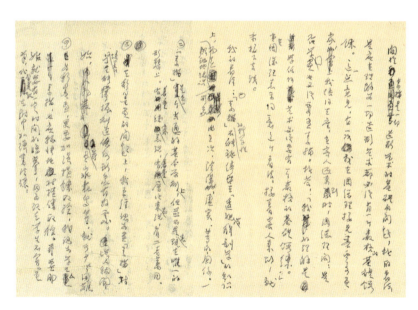

1953年，吴作人手书艺术主张

三，在彩墨画的问题上，我曾经认为画素描对培养学生能掌握创造任何形象有好处，从人物开始，并画山水花鸟等，就可少些困难。

四，为彩墨画，更要加强提炼取舍，我认为学习画素描，也应较快地（应）对提炼取舍，并要在开始就要有一定时间的临摹，因为现在学生不会用毛笔，我曾建议在附中加强书法课。

为什么素描可以作为国画造型训练的基础呢？吴作人认为基础素描含有各种造型艺术所共同需要的基本原则。首先，素描可以培养学生在一个平面上画出客观自然的体积和空间感觉的能力。画国画也需要表现体积和空间感，没有气韵生动，没有传神写情，没有明晦显隐，没有虚实轻重，都不能成为一幅好作品。其次，素描可以增强认识事物整体、研究安排画面的能力。吴作人认为：

如果不学素描，我们观察一切事物就不具备经过素描基本训练那样的观察能力，对象的形态，颜色的层次，怎样取得画面上的主次关系，怎样在一个画面上得到平衡等等，这些问题，在素描上都会接触到。画素描，首先要看把要画的对象摆在画面上的什么地方，而画一个对象与画两个一组的对象就不一样，要考虑到主次，还有色调、远近、层次等的比较，这些都是素描训练的要求。

在基础造型的训练上，吴作人反复强调素描训练要表现出敏锐的感觉，气韵生动，学生从头到尾都要学习有高度概括力的语言，这样就可以在一定的素描锻炼的基础上发挥各自的独创性。基础锻炼是为艺术创作培养表现能力做准备，是手段而不是目的。

吴作人所强调的素描是一种学习方法，学生们通过这种基础训练可以学到多种知识，例如勾线、构图等等。毕竟艺术当随时代发展，造型能力是成为画家的首要条件。

20 世纪 50 年代中期，向苏联学习之风大盛，美术界"契斯恰科夫教学法""马克西莫夫训练班"的流行，使吴作人更具个人艺术品位的西欧画法变得不受人重视。在政治上，吴作人的素描主张还被认为是西方资产阶级的，他的教学方法属于不可知论，而他本人也属于资产阶级学术权威。虽然吴作人身为中央美院副院长，乃至 1958 年成为院长，但他并无实际的管理权力，其艺术观点和教育理念并没有能够完全贯彻。

1959 年 9 月，中央美术学院决定在四、五年级实行工作室制度，于是设立了三个工作室，分别为吴作人、罗工柳和董希文工作室。进入工作室采取学生自愿报名、老师批准的规则，最终进入吴作人工作室的共有九名学生。吴作人工作室的成立，给予了他一个相对理想的教学空间。由于当时苏联美术的流行，许多美院学生更加注重对生活化或者是历史场景的描绘，所以吴作人工作室的学生相对比较少。

1959 年学术环境相对宽松，吴作人有机会尝试把自己的艺术理念传授给学生们。吴作人在课堂上说话一向不多，加上讲授的对象又是已经经过三四年基本训练的学生，所以谈及的都是他自己的艺术心得。吴作人一向主张保护学生的艺术个性，不喜千篇一律的注入式教学，讲究意会，强调从艺术的本质上教导学生，轻视技法的传授，"授人以渔而非授人以鱼"，强调艺术的敏锐性和灵感性，在系统性和规律性上鲜有总结。这种教育方法有利于艺术天赋高的学生，但是资质差一等的学生在学习中就会遇到很大的困境。此外，由于吴作人几乎不讲技法，完全靠学生自身的领悟能力，使得很多学生在刻画人体结构上产生了困惑。这也是他的这种教学方法被批评为"天才教育论""不可知论"的原因。吴作人也从不为学生改画，他认为老师动手改学生的作业无助于学生成长，学生有缺点，老师指出来就可以了，要让他们自己去理解，去独立思考，不要包办代替。

吴作人认为画好一张优秀的作品不等于每个环节都要细抠，所以时常提醒学生们在创作时要避免谨毛失貌。他提倡艺术的概括性和含蓄性，动笔之前要先立意，正如古人所讲的"意在笔先"，这样落笔时才能意态纵横，得心应手。艺术家不能对周围环境无动于衷，要刻意感受，同时练好基本功，提高艺术修养，然后才有可能创作出好的作品。

吴作人工作室的教学大纲概括为"严与宽、博与专、放与收"，这是相通互联的三对矛盾关系，在教学中要求其辩证统一。吴作人有一句名言："应当做自然的儿子，不要做自然的孙子。"艺术家应该直接从自然中获取灵感，而不应该拾人牙慧，否则长此以往，个人面

1978 年，与学生一起庆贺七十寿辰

貌顿失，若没有了个人风格，又谈何艺术上的成功呢。

1960年，吴作人因健康原因退出了一线教学，但是他的家却永远为学生们敞开。

培育人才其实是吴作人一生中最为注重的事情。当年他独自赴欧洲求学，为的就是"救亡图存"，希望能够以自己的学识帮助积弱多年的祖国走向繁荣富强。新文化运动、五四运动的精神，拯救劳苦大众、改变中国落后状态的追求，是一代仁人志士包括吴作人的行事之准则。吴作人将一生献给了教育事业，他推动了中国美术学科的学院制建设，将中国的美术教育引领上一条正确的道路。吴作人以无私塾弟子而自豪，他坚持启发性教育，声称"似我者死"，努力激发学生的主观能动性，为中国培养了大量艺术人才。

1980年，与中央美院首届油画研究生毕业生

1983年，与李可染讨论问题

1985年，与艾中信讨论教学

动物中国画

传统国画家认为，画是人的内心的表达，客观存在的事物与画并不构成必然的关系，关键是在笔墨之中体现画家本人的精神，笔墨在他们看来，是在（以书法为代表的）抽象笔迹中表现自我的修养和情趣的过程。因此传统中国画不注重对客观事物的描绘，题材不重要，临摹古人也可，表现现实也可，关键是要把内心的激情寄于笔墨之中，以完成心中神韵精神的表达。从这点来看，传统国画尤其是文人画并不将描绘得栩栩如生以为能事，而是更注重画家的个人修养和情趣。

徐悲鸿接受了"五四"以来"科学救国"的思想，认为阻碍中国发展的根源在于缺乏求真、务实的精神，缺乏对客观世界的科学认知和把握。他认为，画是对现实事物的描绘，客观存在的事物是衡量画的准则，画家的能力是表现对象时体现出来的概括、传达和营造画面感觉和品位的能力，笔墨在他看来，首先是精炼的造型形象。因此他毕生致力于中国画的改革，而改革的方法，就是用西方的素描造型技法融合中国传统笔墨的特点，通过师法自然表现现实生活，从而赋予中国画（特别是人物画）新的表现力。

吴作人在欧洲习画五年，获得"桂冠生"等荣耀无数，深得西方绘画之精髓，他对于艺术上要以写实方法为根本的观念非常坚定和执着，同时老师徐悲鸿也在批评中国传统绘画方式的落后，所以他理所当然地把改造中国画看成是自己艺术实践的责任和教学的准则，那便是在观念上强调艺术为人生，艺术切近现实；技术上强调造型准确，画面具有透视、解剖和质感；色彩上给观者以实物的感觉。

　　吴作人在 1943 年造访敦煌以后重新审视了自己的艺术道路，他认为中国画简单概括的方式是西方油画所不具备的，艺术的最高准则是"乘一总万，举要治繁"，即以简单的笔迹来表达心中繁复的思想感情。在之后的十数年中，他进行了若干种艺术实践，在他的笔下曾经出现过骆驼、奔马、金鱼以及牧民等艺术形象。1957 年以后，吴作人开始了中国画创作的第二阶段，即通过篆书的学习进入中国传统艺术的核心。1957 年到 1964 年，吴作人花了大量的时间练习篆书、隶书、草书等书法形式，从中汲取了丰厚的营养。但是受过西方完整学术训练的吴作人并不想完全走回中国的传统中去，他有

自己的体悟和心得，"新中国画"的理念更加成熟了。吴作人的方式是以中国书法和写意水墨画中的概括能力来加强和发展再现物象的技术，有着超凡的写实技术和从传统文化所领悟出的概括能力，吴作人终于走出了自己的道路，形成了具有创造性的中国画风格。

　　从吴作人的作品来看，吴氏风格的最基本特征是保持着描绘对象比例上的绝对精准。因为熟练掌握描绘对象的内在结构，所以能够应用墨

《戏藻》1973 年

《节不可撼》1978 年

色本身的干湿浓淡，控制墨痕流动的渗化效果表现出物象的整体与结构特征，再利用中国传统书画笔墨间一气呵成的气韵联动方法将所描绘对象的整体呈现出来，给人以酣畅淋漓之感。

众所周知，吴作人的中国画以动物画为主，其他门类诸如花鸟、人物、山水等等也有所涉猎，但是数量偏少。为何吴作人偏偏钟情于动物画呢？

如上所述，吴作人从事中国画创作并不是想回到传统中国画的程式描写和书法写意的境界，而是要通过自己艺术思想的加工，把中国画变成写实绘画，成为一种比油画更加概括、比国画更为精准的绘画方法。基于这种观念，吴作人既没有选择现实主义观念所侧重的人物画，也没有选择传统艺术所偏重的山水和花鸟画，而是将着眼点放在了冷门品类动物画上。其实吴作人的人物造型能力非常出众，他早年间的油画以人像出名，而之所以不以人物画作为新中国画的突破口，是因为在绘制人物的时候必须在细节上加倍注意，这样才能够画得像，但是在细节上仔细推敲琢磨往往会阻滞笔意的自由发挥，不能够畅快地表达出心中所思所想。而描绘动物则不一样，没有人会计较动物的细部特征，所以无需对动物具体的体貌特征多费心思，只要将动物的形象和精神再现就可以。此外，动物和人同为哺乳动物，有着独特的组织结构，尤其是在运动过程中，关节和肌肉的活动往往能给人以力与美的感觉。吴作人早年接受的西方写实主义的训练使得他对解剖描写有所偏好，所以对动物画情有独钟。

其次，吴作人对自己所独创的新中国画形式自我期许甚高，再加上早年纵横欧亚大陆的经历，让他见过许多奇珍异兽，尤其是在藏原的生活，使他对牦牛和骆驼这两种从未在先人笔下入画的动物产生了极大的好感，决心将它们谱于丹青之上，借以赞颂那种坚忍不拔和一往无前的精神。除此之外，熊猫、玄鹄乃至金鱼也是吴作人的首创，用来表现可爱、高雅和轻灵的精神状态。吴作人有一方印，印文"前贤未见"，一般多用于熊猫、骆驼、牦牛等作品上，他对自己新"发明"的满意之情可谓溢于

《双玄鹄》1979 年

《驼运》1979 年

言表了。

第三，吴作人本身就是动物爱好者，动物的形象很早就已出现在他的笔下了。1931年他去柏林看望五哥吴之翰，顺便参观了柏林动物园，在那里他就画下了狮子与鹰的写生速写稿。值得一提的是，现在柏林动物园熊猫馆的介绍，正是采用了吴作人水墨熊猫的形象。除此之外，吴作人速写本中动物的形象层出不穷。西行中他画过牦牛、骆驼和马，去印度访问时他画过大象，在北京的时候他喜欢到中山公园观察金鱼，也经常去北京动物园看熊猫、黑天鹅和老鹰。吴作人本人还曾饲养过暹罗猫和鸽子等。动物爱好者的观察角度总会和常人不同，他们更易于捕捉到动物最真善美的一面。

第四，吴作人是个小心谨慎的人，1949年以后的种种政治风暴让他心有余悸。画家以画面来表达自己的情感，而同一个画面由不同的人分析有着不同的结果，一旦风云突变，所绘的内容就成了最直接的证据。动物画已经是最不容易招惹事端的题材了。即便如此，吴作人还是遭到了两次无中生有的构陷。第一次源于邓拓的诗配

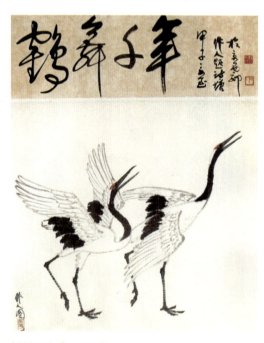

《鹤舞千年》1984年

《群犛》1985 年

画，被污蔑成代表资产阶级的牦牛要对无产阶级制度进行一往无前的冲击；第二次则是在"批黑画"阶段，任重道远在沙漠中默默行进的骆驼成了在为坠机而死的林彪唱挽歌。现在看起来这些解读是如此的可笑和无稽，但是在特殊年代却是杀人的尖刀。

　　有人可能会问重复画同一种动物的意义究竟在哪里。其实如同音乐家演奏同一个作品几百次甚至上千次，题材尽管重复，但每一次都是新的创作。

　　事实证明吴作人在"新中国画"的改造上以动物为主要题材是非常成功的，他的动物画出发点高，立意清雅，题句抒情意味浓，画骆驼题为《任重道远》，画牦牛题为《齐奋进》，画鹰题为《高瞻远瞩》，画金鱼题为《池趣》，画熊猫题为《清淡生涯》，画黑天鹅题为《忆南溟》等等，全部依据动物本身的特点，同时给人以遐想的余地，充分表达了画家对生活的热爱以及满满的正能量，他笔下的骆驼、牦牛、熊猫、金鱼等也成了艺术史上具有标志性的图像记忆。

第十章 ——巨匠风范

作为中央美术学院院长和中国美术家协会会长，吴作人参加了许多文化交流活动，赢得了极高的国际声誉。一九八七年，吴作人酝酿筹建美术基金会，为推动美术事业的发展贡献自己的力量。一九八九年八月三十日，吴作人国际美术基金会正式成立。

社会活动

1949 年 7 月 21 日，中华全国美术者协会在北京成立，吴作人成为常务委员会委员，此后，吴作人作为美术界的顶级学者，开始了新的历程。

1950 年 4 月 1 日，中央美术学院成立，吴作人留任教务长兼教授。为了适应工农兵相结合的艺术政策，吴作人分别去丰台机车厂和张家口机车厂体验生活并采风作画，并根据所见所闻创作了油画《毛泽东号机车长全国劳模李永像》。

1951 年，吴作人随中华人民共和国政府派遣的第一个文化代表团访问了印度，并在印度举办的"中国艺术展"开幕式上做新中国美术的报告。

1953 年，中国美术家协会第一届理事会召开，美协机构也进行了改选，吴作人当选为副主席。1983 年 2 月，由于身为美协主席的江丰遽然离世，吴作人被推选为代主席。

1985 年 5 月，中国美术家协会第四届理事会在济南召开，吴作人近全票（仅一票弃权）当选为协会主席。

1983 年，在美国大学讲学

在此之前，吴作人曾回老家泾县参加了全国油画工作者会议。1985年在中国美术史上是一个重要的时期，由于青年艺术家不满当时美术界的"左倾"路线，不满苏联社会主义现实主义的美术窠臼和传统文化中的一些价值观，试图从西方现代艺术中寻找新的血液，从而引发了全国范围内的艺术新潮。吴作人在这次艺术讨论会上以老前辈的身份发表了自己的观点：

1985年，参加全国油画工作者会议

> 同志们在这次会上充分地各抒己见，这非常好。油画从来就没有规定的形式，因此，中国的油画发展到今天，更应该，也更有可能性，让每个搞油画的同志各抒己见，按照自己所能做的和想要做的，对油画做出贡献。这次会议讨论得很好，大家都是以艺术家的身份，进行学术性的讨论，交流各种看法，在这个场合，这个机会，对于油画各方面的问题进行了讨论。这是中国油画有史以来的第一次。第一次就能开得这么好，所以中国的油画发展前途无量。

作为中国美协的代主席，吴作人以官方身份高度肯定了青年艺术家的革新思想，毕竟艺术当随时代，艺术当随自然。在艺术的春天即将来临之际，吴作人能够成为中国美术家协会主席自然心怀大畅。

吴作人任中国美术家协会主席14年，任中央美术学院院长21年，是名副其实的中国美术界的领军人物。作为协会主席和学院院长，吴作人有很多的社会活动，尤其是1976年打倒"四人帮"以后。作为国家公务人员，他要负责接待各国来访的艺术家，打造中国的对外形象。作为艺术家，他要安排和计划自己作品的展览，同时还要继续艺术创作。这样一来，他的时间表永远被排得满满当当。与此同时，吴作人还先后当选为第一至六届全国人民代表大会代表和第六届人大常务委员、第七届中国人民政治协商会议常务委员，以及中国民主同盟中央委员会常委、文化委员会主任等职务。

1986年，由文化部、中国文学艺术家联合会、中国美术家协会、中央美术学院联合举办了"吴作人从艺60周年纪念活动"，并于4月30日在中国美术馆举办"吴作人画展"。习仲勋、万里、方毅、谷牧等国家领导人以及文学界、艺术界知名人士和各国驻京使节等中外来宾近千余人参加了开幕仪式，文化部部长王蒙为开幕式致辞。此次

1986年，参加"吴作人画展"开幕式的嘉宾（左起：萧淑芳、吴作人、万里、习仲勋、方毅、钱昌照、邓力群、黄镇、谷牧）

展览共展出吴作人作品 241 幅，展品种类计有速写、素描、油画、水彩、国画、书法、水墨速写及画稿等八种。最早的作品为 1931 年所作的速写《双鹰》及油画《哥萨克兵》，最新的作品为 1986 年刚刚完成的中国画《啄木鸟》，时间跨度长达55 年。

1982 年，在巴黎大宫举行的"中国现代艺术展"

1986 年，在东京日中文化交流会致辞

吴作人的艺术作品除了在中国家喻户晓，在海外也影响很大，彼时吴作人频频收到一些国家的政府机构、学校以及社会团体的邀请。

　　1977 年 10 月，吴作人受日本东京华侨总会邀请，率中国美术家代表团访问日本并进行文化交流。1980 年秋，吴作人、萧淑芳访问阿根廷，参加阿根廷建国 400 周年纪念活动。1981 年春，吴作人夫妇应澳中理事会邀请赴澳大利亚进行艺术交流。1982 年 5 月，吴作人应邀率中国代表团赴法参加在巴黎大宫举行的"中国现代艺术展"，参展作品《藏原放牧》获得金奖。1983 年秋，应美国斯诺基金会邀请，吴作人夫妇赴美国堪萨斯大学艺术系进行学术访问，被聘为客座教授，后又在华盛顿等地举行展览，并赴加拿大等多所学校讲学。1984年秋，吴作人夫妇应邀赴日本举行"吴作人、萧淑芳中国画展"。1986年3月，吴作人担任团长，率中国文联代表团赴日本祝贺日中文化交流协会成立30周年；7月，又率中国文联国际和平年代代表团赴新加坡举办文化交流画展；10月，为纪念中国与比利时建交15周年，吴作人夫妇应邀赴比利时举办画展并参加中比友好活动；11

1985年，接受法国政府和文化部授予的"艺术文学最高勋章"

1988年，接受比利时"王冠级荣誉勋章"

月，访问卢森堡并举办画展。1987年5月，吴作人夫妇应法国外交部艺术活动协会邀请，赴巴黎举办画展。1988年3月，应香港中华文化促进中心邀请，吴作人夫妇赴港举行"吴作人、萧淑芳联展"。

多次的文化交流活动为吴作人赢得了可贵的国际声誉，1985年3月，法国政府和文化部授予吴作人"艺术文学最高勋章"；1988年2月，吴作人荣获比利时国王颁发的"王冠级荣誉勋章"，比利时驻华大使代表国王向吴作人颁发了勋章和证书。

长期的社会活动为吴作人带来了数不胜数的荣誉，但是他并不因此而自满。他一有时间就会进行深刻的反思，希望能够再找出新的艺术突破点。他有一句口头语："从事任何事业，科学也好，文艺也好，都不能停留在原有的成果上。要永不停留。而停留，就意味着完了。"正是在这种精神的激励下，吴作人才取得了令人称羡的成就。

慈善事业

　　1987 年，时任全国人大常委、中国美术家协会主席的吴作人开始酝酿筹建美术基金会，愿以自己劳动所获得的酬劳作为慈善基金，为从事美术事业的年轻一辈做出自己的贡献。吴作人当时已经79 岁，回忆起所走过的道路，他表示"我是过来人，深知在艺术的道路上有许多艰难困苦。我愿以自己的劳动筹集基金，为后来者提供一些机会和创造一些条件"。

　　他致信于五湖四海的朋友们，恳请他们一起参与这个利国利民、功在千秋的慈善项目，信中曰：

　　　　为筹建吴作人国际美术基金会，吴作人特致函海内外知名人士，寻求支持。鄙人从艺数十年，深感我炎黄文明

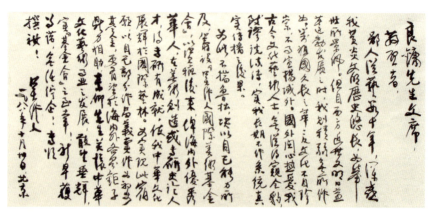

1987 年，吴作人国际美术基金会发起书

184

历史悠长，为举世所景佩。但自西方近世文明日益蓬勃发展之时，我则积弱无所作为，对祖国久长之华夏文化不自珍崇，不事宣扬域外。国外关心热爱我古今文化艺术人士，无从得窥全豹，致谬说流传，实我长期不作系统真实传播之后果。为此不揣鲁拙，决以自己能力所及，筹设"吴作人国际美术基金

1989 年，吴作人像

会"，以资掖后来，俾海内外优秀华人，在美术创造或专研史论人才，得专研有成就，使我中华文化展辉于国际艺林。为实现此夙愿，以自己部分作品义卖作为初步基金，更有望于海内外各界钜子鼎力相助，素仰先生关怀中华文化艺术事业之发展，敢望垂辉，实基金会之至幸！祝早获尊诺。无任伫企！

在习仲勋、方毅、谷牧、费孝通、王光英、黄华等老一辈革命家和国家领导人的关怀下，在韩素音、李政道、季羡林、李铸晋、马临等海内外各界文化名流的支持下，经过两年多的准备，1989 年 8 月 30 日，吴作人国际美术基金会正式成立，它是中国最早的艺术类基金会之一。吴作人基金会的业务主管部门为统战部，挂靠民盟中央。

在 20 世纪 90 年代，从事慈善公益事业是非常艰难的，那个时候人民的物质条件尚不丰厚，普遍没有从事慈善的想法，基金会的运作举步维艰。吴作人将多年积攒的钱款集中起来作为基金会的原

1989 年，吴作人夫妇与基金会部分成员

始资金，之后又将历年创作出来的精品拿出来义卖，所得钱款捐给基金会，以保障基金会能够正常运作。

在吴作人的过问和支持下，吴作人基金会很快开始了正常的工作，通过"吴作人艺术奖"的设立和评选活动实现基金会目标。之后相继颁发了 1989 年度"青年艺术家奖"、1990 年度"美术教育奖"、1991 年度"美术史论专业学生优秀论文奖"、1992 年度"优秀素描奖"等。1991 年，吴作人因健康原因不再直接主持基金会的工作，但是基金会的管理团队依然有条不紊地继续运营。1995 年至1997 年，基金会在评选出"优秀素描奖"之后，在全国 18 所大专院校内组织巡回速写展，极大地推动了高等艺术院校的速写风潮。吴作人于 1997 年 4 月 9 日不幸辞世，但是他的艺术精神将永远地保留下来。吴作人逝世后，基金会在艾中信、刘迅、侯一民等人的领导下声名鹊起，赢来了一个新局面。

1990 年，吴作人国际美术基金会颁发"美术教育奖"

　　目前基金会下设"吴作人艺术奖"和"萧淑芳艺术奖"两大奖项。学术性、艺术性、文化性、纯粹性是"吴作人艺术奖"区别于国内外其他艺术类奖项的特色，艺术家个人的人文情怀和精神含量成为评奖的关键因素。而"萧淑芳艺术奖"则授予在艺术创作及史论研究上有突出贡献的华人女艺术家。

作品情况

吴作人的第一张笔单刊载在 1935 年的《艺风》杂志上，那时候吴作人刚自比利时回国。广告曰："画家吴作人，留学比法，专攻艺术，今新自欧洲西归来，恰逢国内洪水为患，到处成灾，吴君广发善愿，将其作品润资，一概助赈。画件随到随应，润格特别从廉，收件处本市云南路仁济堂上海筹募各省水灾义账会。"广告登出之后是否有成功的交易目前没有确实的证据，但这是吴作人做出的第一次市场尝试。

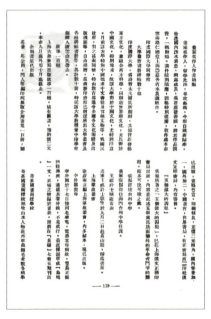

《艺风》上的笔单 1935 年

1935 年年底，吴作人收到了有生以来第一张订件，他为上海广慈医院画了一幅褚民谊的大半身立像（100×70 厘米），价格不菲。

1937 年抗日战争爆发后，吴作人随中央大学西迁重庆。随着抗战进入胶着状态，对艺术品的需求开始加大。1940 年，吴作人接受了国民党重庆市党部秘书杨公达的邀请为蒋介石作油画像，收取酬金 150 银元。

自此吴作人的名气愈发响亮起来，一些比较新潮的社会人士开始收藏他的作品。1941年，时任国民政府财政部部长的孔祥熙收藏了吴作人的油画作品《南泉风景》。因为当时处于战争时期，各种物资均极端匮乏，吴作人希望以等值的油画颜料折抵画款，孔祥熙同意了吴作人的这个要求。同年，国民政府国防部向吴作人订制了两幅大型油画，分别为《搜索残敌》和《黄帝战蚩尤》。

1942年，吴作人的作品《不可毁灭的生命》和《空袭下的母亲》参加了中华民国教育部主办的第三次全国美术展览，其中《空袭下的母亲》获得二等奖，而《不可毁灭的生命》则被立法院院长孙科购藏。同年，吴作人的作品《重庆大轰炸》参加了1942年在纽约现代艺术博物馆举办的"抗战中国艺术展"，后以600美元的价格售出。

1943年吴作人准备西行康藏高原，在出行前他通过为政府要员和当地富绅作肖像画筹集资金。同年他应邀为中国石油总公司玉门分公司作了一张名为《玉门油矿》的巨幅油画，作为酬金玉门油矿送了吴作人一桶汽油和一批蜡烛，后来他通过朋友把这批物资出售获得了数万元现金。1945年西行归来，吴作人作品的价格开始大幅上涨，他为私人作肖像画的酬劳是一根金条。正因如此，吴作人才有足够的信心准备成为职业艺术家。

从今天的艺术市场经营理论来看，37岁的吴作人，作品已经被国家机构、博物馆、实力藏家所收藏，完成了市场的奠基行为，成了一名被市场所高度认同的艺术家。

1945年徐悲鸿重新执掌北平艺专，邀请吴作人同行。吴作人毅然决然地放弃了成为职业艺术家的想法，北上与徐悲鸿共同创业，后因故赴英国讲学并举办展览约一年。在欧洲，吴作人的作品也很受欢迎，《藏茶传》被巴黎东方博物馆收藏，大古董商卢芹斋也购藏了他若干幅作品。

1949 年以前，油画在艺术圈可谓是小众艺术，更多人倾向于收藏传统中国画，而吴作人的油画作品能够做到广为人知，且价格不菲，尤其是富有阶层愿以高价购藏他的作品，可以说市场认可度已经很高了。

1949 年以后，整个社会步入计划经济的轨道，卖画多寡不再是衡量一个艺术家成功与否的标准。吴作人的社会地位在逐渐提高，同时经过学习无产阶级理论，吴作人倾向于不再卖画。即便如此，一些国家单位也会订制油画或者购藏属意的作品，例如革命历史博物馆购藏了油画《过雪山》和《孙中山与李大钊会见》，海军政治部购藏了《保卫祖国的海洋》，自然历史博物馆购藏了《金色的海洋》，中国美术馆购藏了《藏女负水》《丁香迎春》《三门峡》和《农民画家》等。

1958 年以后，吴作人的改良中国画初见成效，社会上反响不错，一些经营字画的商店如荣宝斋、宝古斋、和平画店等都有吴作人的作品出售。吴作人本不想把作品当作商品出售，但是这些画店提出了一个让他很难拒绝的建议，就是他可以用作品换取商店的库藏。作为一个学者画家，吴作人对古董文玩兴趣很大，例如旧字画、旧扇骨、旧石章等，因此他开始采取以物易物的办法，用自己的作品换取那些感兴趣的物件。与此同时，吴作人也保持着高度的自觉，不在私下出售作品。如果有客人愿意收藏他的作品，他会

1986 年，展观收藏的拓本

建议客人们去那些国营的字画店购买，借以拒绝对方的要求。即便如此，吴作人也只提供国画作品给字画店，对于油画，他认为是比较强的精神劳动，宁愿自存也不愿意转让，况且字画店对于油画也几乎不理解，所以市面上根本无法买到吴作人的油画。

"文革"期间，吴作人失去了创作的自由，直至 1971 年年底，他从被下放的农村紧急借调至国务院机关事务管理局，开始为国宾馆和驻外使馆进行创作。吴作人的作品再次进入了人们的视线。他的国画《归牧》存中国驻巴基斯坦大使馆；国画《长驱远蹈》《林海雪原》存马来西亚大使馆；国画《熊猫》《戈壁牧野》存美国大使馆；国画《藏原犛奔》存日本大使馆；国画《金鱼》被赠予尼泊尔国王；国画《长驱远蹈——驼队》被赠予前日本首相大平正芳；国画《祁连放牧》被赠予西德总理施密特；国画《黑天鹅》作为国礼被代表团赠送给日本天皇之弟三笠宫崇仁亲王伉俪；国画《世上奇珍之熊猫》由国家主席李先念赠送给英国菲利浦亲王。当然，这些作品是国家任务，画家本人并无任何酬劳。

据不完全统计，吴作人一生创作过五六千幅作品，其中有相当一部分在战争中被炸毁、在运输中遗失、在政治运动中被破坏。目前中国美术馆约收藏吴作人作品四五十幅，包括他的名作《女人体》《齐白石像》《藏女负水》《扁担箩筐》等。此外，《纤夫》被中央美院收藏，《解放南京号外》《战地黄花分外香》《嘉临江畔》等被泰康人寿收藏，《重庆大轰炸》被私人藏家刘钢收藏。苏州的吴作人艺术馆有吴作人作品九十多幅，这些画作都是吴作人无偿捐献给苏州市政府的，其中包括 18 幅油画。还有一些重要作品收藏在国家博物馆等处。

随着市场大潮席卷而来，中国的艺术品市场也得到了飞速的发展，20 世纪 80 年代初，吴作人的作品开始进入拍卖市场。1980 年，

《战地黄花分外香》1977 年

吴作人的《熊猫》在香港苏富比以 1.5 万港元成交。1994 年 3 月，中国嘉德首场拍卖开启了内地拍卖吴作人作品的历史，吴作人 1955 年创作的木板油画《流送 —— 大兴安岭》拍出了 16.5 万元，其国画作品《骆驼图》同场以 9.24 万元成交。

2013 年 5 月，吴作人的油画《战地黄花分外香》在中国嘉德以 8050 万的高价被泰康人寿所收藏，这是目前吴作人作品的最高价格。同时此作的油画稿和国画稿分别以 218.5 万和 264.5 万的价格被另一位藏家所竞得。《战地黄花分外香》作于 1977 年，吴作人破格的将跨季开放的油菜花和向日葵组合在同一个画面之上，前面的向日葵摇曳生姿，后面的油菜花灿烂怒放，而革命的象征宝塔则置于后景一个并不显著的地方。这幅作品在 2003 年时成交价是 352 万元，仅仅 12 年升值近 23 倍，实在令人惊叹。

吴作人国画作品目前价格最高的是《青海之滨观舞》，2016 年 6

《青海之滨观舞》（2007 年释出作品的姊妹篇 ） 1982 年

月于北京传是拍卖公司以 897 万元拍出。这幅作品是吴作人于 1982 年应新加坡藏家郑应荃所请而创作的，描绘的是吴作人西行时所见的藏女起舞的情景。在这幅画中，吴作人破天荒地在国画作品中用了藏青、洋红等等平常不用的颜料，用来回忆 40 年前在高原上一刹那的惊艳。这幅作品最早释出于 2007 年 4 月的香港苏富比拍卖公司，成交价为 62.4 万港元；后于 2011 年 6 月在北京保利再次上拍，成交价为 483 万元。

除了油画和国画之外，吴作人在书法、水彩、素描和速写上都有极高的成就，在拍卖市场上均有出色的表现。

家庭生活

20世纪是思想文化运动风起云涌的时代，尤其中国还经历了外寇入侵、政权更替，在这种背景之下能够把一段感情认真地经营近五十年，同时又在各自的专业领域获取卓越的成就的夫妇。实属凤毛麟角，但是吴作人、萧淑芳却真真切切地做到了。

1929年，吴作人和萧淑芳曾在南京中央大学有过短暂的同窗之谊。17年后，吴作人和萧淑芳再次相见于抗日战争胜利后的上海。之所以能够见面，是因为他们的作品竟然参加了同一个展览。艺术成了月老手中的红线，让他们相逢然后相恋。1948年，吴作人和萧淑芳在北京举行了婚礼，开始了近五十年相互扶持和照顾的生活。1949年，中华人民共和国成立，旧时代的知识分子需要去理解和适应革命者的新生活。原本家境优渥的萧淑芳跟随丈夫参加了炳灵寺与麦积山

1987年，吴作人夫妇在自家小院

的考察团，走进了大西北。之后他们一起钻进过深深的矿井，爬上过高高的悬崖，走入过深深的林海，无论环境多么艰苦恶劣，都是夫唱妇随。1957 年的"反右运动"中吴作人受到了冲击，但家是温暖的避风港，不管外面如何风大浪高，家里依然波澜不兴。1964 年，这个避风港遭到了抄家的噩运，吴作人被判定成"资产阶级艺术的祖师爷"关入了牛棚，而萧淑芳也被解除教职到学校门口传达室收发信件。即便生活环境出现了如此巨大的转变，他们依然彼此安慰从而保持内心的宁静。直到 1976 年"四人帮"被粉碎，他们终于可以在艺术的天地中自由的耕耘。

1988 年，全家福

自 1978 年始，但凡有出国展览的机会，必定是吴作人与萧淑芳的联展，从无例外。

纵观吴作人与萧淑芳的爱情之旅，可以发现缘分起到了重要的作用。1929 年的分别可能在双方心中没有激起太大的涟漪，虽然吴作人曾暗中画下了萧淑芳作画的速写并一直留在身边，但相信他当时

1989 年，吴作人夫妇在画室

只是有一些好感。
孰知 17 年后，双方
人还在，对艺术的
热情也在，再次相
逢看起来是个巧合，
但其实也是定数。
他们的感情建立在
共同的兴趣之上，
而这个"兴趣"是
他们与生俱来的天
分。萧淑芳在 1946
年以前并没有把艺
术创作和教育当成
一生的事业，只是
凭着过人的天赋对
艺术抱有单纯的热
爱。与吴作人相恋
成婚之后，她重新
出发，大量的速写、

1992 年，病中的家居生活

2006 年，吴作人、萧淑芳骨灰合葬仪式

白描画作佐证了她的努力。事业上的相随相伴使他们的感情历久常
新。在共同生活的近五十年间，吴作人与萧淑芳珍惜着来之不易的情
分，相互提携与帮助，克服了种种艰难困苦，共同品尝了成功的喜悦。

　　1991 年，吴作人因脑血栓入住北京医院治疗，虽然病情最后得以
控制，但还是留下了后遗症，视觉神经和脑部结构神经受到了永久性
的损伤。萧淑芳自此辍笔，不再进行任何创作，专心照顾吴作人的生

活起居。

1997 年 4 月 9 日，吴作人病逝于北京，享年 89 岁。1997 年 5 月 28 日，吴作人艺术馆在苏州开幕。萧淑芳静坐于主席台，忽然一只白色的蝴蝶飞来，在她所捧的花束旁流连再三，翩翩起舞，仿佛在诉说着感激与眷恋之情。

2005 年 12 月 20 日，萧淑芳亦病逝于北京，享年 95 岁。

2006 年 4 月 15 日，吴作人、萧淑芳合葬于北京万佛华侨陵园。

参考书目

◎ 吴作人:《吴作人文选》,安徽美术出版社,1988 年。

◎ 吴作人国际美术基金会:《吴作人研究与追念》,北京出版社, 1999 年。

◎ 周昭坎:《艺为人生 —— 吴作人的一生》,陕西人民美术出版社, 1998 年。

◎ 萧曼、霍大寿:《吴作人》,香港新闻出版社,1991 年。

◎ 吴宁:《十张纸斋》,北京大学硕士学位论文,2007 年。

◎ 商宏:《吴作人年谱(待定本)》,2008 年整理。